保险案件裁判评析

（第3辑）

主　编　任以顺

中国海洋大学出版社

·青岛·

图书在版编目(CIP)数据

保险案件裁判评析. 第3辑 / 任以顺主编.—青岛：中国海洋大学出版社，2019.5

ISBN 978-7-5670-2171-6

Ⅰ.①保… Ⅱ.①任… Ⅲ.①保险法－案例－中国 Ⅳ.①D922.284.5

中国版本图书馆CIP数据核字(2019)第067378号

出版发行	中国海洋大学出版社		
社　　址	青岛市香港东路23号	**邮政编码**	266071
出 版 人	杨立敏		
网　　址	http://pub.ouc.edu.cn		
电子信箱	813241042@qq.com		
订购电话	0532－82032573(传真)		
责任编辑	郭周荣	**电　　话**	0532－85902469
印　　制	青岛国彩印刷股份有限公司		
版　　次	2019年9月第1版		
印　　次	2019年9月第1次印刷		
成品尺寸	170 mm×240 mm		
印　　张	10.75		
字　　数	200千		
印　　数	1～1000		
定　　价	35.00元		

发现印装质量问题，请致电0532－88194567，由印刷厂负责调换。

前言

Preface

2013 年 1 月，山东省法学会保险法学研究会挂靠中国海洋大学成立，成为我国第一个依托高校成立的省级保险法学研究会。历经近 7 年的运行，山东省法学会保险法学研究会已成为全省开展保险法理论与实务研究的重要学术交流平台，由来自省内高校、科研机构、人民法院、仲裁机构、保险监管部门、保险行业协会、保险公司、保险学会等单位相关人士组成的研究会理事会，也已成为全省性跨行业保险法研究的中坚力量。研究会成立初期，以“广泛吸纳全省保险法理论与实务人才，整合各方力量，形成科研合力，依法独立开展针对性较强的、卓有成效的保险法学研究工作，适应山东保险大省保险业发展需求”“为推动山东保险法治建设、保障保险市场健康发展、构建和谐保险关系服务”的明确定位和目标，正在逐步实现。

保险法是保险业发展的基石，保险业的健康发展离不开保险法律制度的规范、引导与保障。作为知识技术密集型产业的保险业，要保证其健康有序发展，不仅需要有一支高素质从业人员队伍的支撑，更离不开保险法律文化的滋养。山东作为我国的保险大省，保费收入连年位列全国前三，但保险业界的保险法律意识、保险法治观念却并不与之匹配协调。近年来，在保险业快速发展的同时，各类保险合同纠纷案件亦随之不断攀升，各种各样错综复杂的保险案件，不仅仅是保险司法实践面临严峻挑战，各级人民法院承受着巨大的裁判压力，同时保险业的健康有序发展也遇到极大难题。面对逐年攀升、复杂多样的保险合同纠纷案件，保险法学界、保险司法界、保险业界、律师界等领域，都应当有高度的紧迫感和使命感，担当起保险法理论与实务研究的社会重任。保险法学界应当加大对保险司法具有实践指导意义的应用性领域的研究力度，努力让保险法走下书本、走出课堂，力戒闭门造车的清谈式研究方法。保险案件的裁判结果直接影响保险司法的社会公信力，也影响保险诉讼案件数量的增减趋势，对保险业的发展具有导向作用,因此保险案件的裁判者,亦应强化对保险法理论与实务的研究,不断提升专业化水平及裁判保险案件的公正度。保险公司更应当在提升员工自身法律素养的基础上,积极组织开展保险法的实务性研究,合规经营,采取合情合理合法的应对措施,不断防范、化解保险纠纷。

实践证明,作为省级保险法学专业研究机构,没有条件也没有必要开展“高大上”的纯保险法学理论研究。地方性研究会的存在价值和生命力,在于其研究的内容必须“接地气”,必须注重开展针对保险经营管理实践和保险司法实践中存在的法律难题的研究。保险法学研究会的成立与发展,恰好为大家提供了一个在这方面共同研究与交流的平台。正是基于这样的定位和思路,我们将每年学术年会的研究主题永恒地确定为“保险案件裁判的理论与实务”,倡导大家以亲身经历或媒体公布的、已经裁判或尚未裁判的案件为素材引出讨论议题,理论密切联系实际,亮明观点,充分说理,畅所欲言,各抒己见,深入展开保险案件裁判方面的研讨。近年来,背离保险法基本原理及保险法基本规定的裁判案件并不罕见,要切实防止此类情况的发生,应当首先从提高裁判者的保险法专业素养入手。多研究现实工作中发现的理论难题和实践困惑,可以在讨论中明理,在争辩中纠偏。收获真理,摈弃谬误,这应当成为研究会永不言弃的追求。

山东省法学会保险法学研究会成立近7年来,克服了经费短缺、人手不足等重重困难,坚定信念,不忘初心,砥砺前行,其社会认知度、参与度、支持度逐年提升,对外影响力不断扩大,这也说明全社会对保险法学理论与实务的研究存在客观的需求。面对纷繁复杂的保险合同纠纷案件,学术年会上提交的论文以及会议讨论发言都出现了许多闪光观点,尽管有些还不够成熟完美,有些表达不够清晰准确,但将这些观点汇集、整理、修饰编辑成册,仍然具有一定的社会实用价值。《保险案件裁判评析》(第3辑),是在我个人的主要工作由“院校保险法教学与科研”向“社会保险案件代理与研究”过度的紧张时期,在总结该书第1辑、第2辑编辑出版经验的基础上,挤出时间编辑成书的,因书中收录的论文质量参差不齐,有的论文虽经竭力调整和改动,但因原稿基础不够理想,又不便大幅调整,仍然存在许多不尽如人意之处。殷切期望读者对本书提出宝贵批评意见,以便由山东省法学会保险法学研究会主办的《保险案件裁判评析》系列丛书不断提高质量,为我国保险业的健康发展及保险司法的公正运行贡献正能量。

任以顺

2019年9月于青岛

目录

Contents

论《婚姻法》在私家车保险合同纠纷处理中的适用

——兼析夫妻对私家车投保免责条款提示义务之领受

任以顺*

摘要：私家车一般属于夫妻共同共有财产，对私家车投保，通常以其在车管所登记的“所有人”姓名作为名义投保人和被保险人，但因具体办理保险手续者可能是其配偶，夫妻替代签字投保的现象并不罕见。因夫妻对私家车享有共同的所有权和保险利益，主体混同，婚姻法规定夫妻对家庭财产享有平等的处理权，因而，为私家车投保买保险时的夫妻替代签字当属家事办理，不属于保险代理。在私家车投保过程中，由私家车名义所有人的配偶填写投保单发出要约、领受保险人对免责条款的说明与提示义务、交付保费、收执保单和发票等一系列行为皆应为有效。若出现否定上述某种行为效力的纠纷时，适用《婚姻法》第17条及其相应司法解释裁判案件，是十分准确和恰当的。

关键词：《婚姻法》 私家车投保 免责条款 提示义务领受

近年来，随着我国汽车保有量的不断增加以及汽车时代的到来，由家庭购买汽车用于日常生活，已经是十分普遍的社会现象，因此，我国私家车（私人小微型载客汽车）的数量在逐年增加。据公安部统计，截至2018年底，全国汽车保有量达2.4亿辆，其中，私家车持续快速增长，2018年保有量达1.89亿辆，近5年年均增长1952万辆。[①] 私家车在全国汽车保有量中的占比达到了78.75%。

---

* 作者简介：任以顺，中国海洋大学保险法研究中心主任暨法学院教授，中国法学会保险法学研究会常务理事，中国保险学会理事，山东省法学会保险法学研究会会长，北京市京师律师事务所保险法务首席律师，北京市京师（青岛）律师事务所高级合伙人暨保险法务部主任，山东省律师协会保险专业委员会副主任，青岛市律师协会保险专业委员会主任，青岛、烟台、威海等仲裁委员会仲裁员。

① https://finance.sina.com.cn/roll/2019-01-11/doc-ihqfskcn6146143.shtml。

保险是转移风险最为常用的手段之一,也是一种无形产品,人们在保险公司投保买保险,与在市场上购买其他有形货物的实质是一样的。近年来,随着人们风险意识的不断提高,买车必买保险,这已经成为人们的一种自觉行为,因此,自然人为家庭所有及使用的私家车投保买保险,也早已经成为一种普遍的家庭消费和社会活动。在购买保险过程中,按照保险法相关规定,投保人负有对保险标的的如实告知义务,保险人负有对保险条款的明确说明和足以引起投保人注意的提示义务。保险人说明和提示义务的履行情况,是近年引发机动车保险合同纠纷案件大量发生的常见原因之一。

一、一起私家车保险合同纠纷案件的案情梗概

一审案件号:(2014)诸商初字第872号

二审案件号:(2017)鲁07民终第3442号

2014年4月14日,原告徐某的妻子臧×丽,到长安责任保险股份有限公司潍坊中心支公司诸城支公司(以下称长安责任保险公司)营业柜台,为其车牌号为鲁VR 65××的家庭轿车购买了为期一年的第三者责任保险(此前该车已在另一保险公司购买了交强险),保险金额50万元。投保单上载明的被保险人为徐某,没有记载投保人信息。臧×丽办理投保手续时在《机动车辆投保单》《商业车险险种告知书》上两处的“投保人签字”项下签字,签字为徐某的姓名,并在《机动车第三者责任保险条款》中的“投保人或被保险人签字”项下签字也为徐某姓名。长安责任保险公司对该保险条款中责任免除的相关内容,从文字、字体上都作了加粗、加黑印刷处理。

2014年7月24日14时40分许,徐某驾驶该投保私家车在诸城市昌城镇大宋村道路上超速行驶,将其前方驾驶电动自行车顺行的孙某撞倒后,弃车逃逸,致孙某经抢救无效后死亡。

2014年7月31日,诸城交警机构出具“诸公交认字[2014]第00506号《道路交通事故认定书》”,明确记载事故经过为“事故发生后,徐某弃车逃逸,于次日到案”。分析认定“徐某驾驶车况不良的机动车,未按照操作规范安全驾驶、文明驾驶,超速行驶,事故发生后未保护现场、未及时报警,逃逸”。按照《道路交通安全法》及其实施条例相关规定,徐某承担事故的全部责任,孙某不承担事故责任。之后,徐某家属向死者孙某家人赔偿27万元,徐某亦被人民法院以交通肇事罪追究了刑事责任。此后,徐某家人向长安责任保险公司提出理赔请求。

2014年9月9日，长安责任保险公司依据《机动车第三者责任保险条款》约定的责任免除事项，向对方发出拒赔通知。依据的条款内容为："下列情况下，不论任何原因造成的对第三者的损害赔偿责任，保险人均不负责赔偿：(六)事故发生后，被保险人或其允许的驾驶人在未依法采取措施的情况下驾驶被保险机动车或遗弃被保险机动车逃离现场，或故意破坏、伪造现场，毁灭证据……"

2014年10月23日，原告徐某在诸城市人民法院起诉长安责任保险公司，要求法院判决长安责任保险公司向其赔偿27万元保险金。

开庭举证时，长安责任保险公司提交了投保单原件，其"投保人声明"载明："保险人已将投保险种对应的保险条款(包括责任免除、投保人/被保险人义务部分、赔偿处理等内容)向投保人做了明确说明，本人充分了解。"另外，长安责任保险公司提交了保险条款原件和复印件①，该条款尾页上的"投保人或被保险人签字"项下签有徐某姓名的"投保人声明"中记载"保险人对上述条款中的免除责任条款已进行明确说明和告知，本人对上述免责条款的内容、概念和法律后果均已明了。将投保险种对应的保险条款(包括责任免除、投保人/被保险人义务部分、赔偿处理等内容)向投保人做了明确说明，本人充分了解。并已知悉《投保单》上的特别提醒内容，同意接受上述条款，愿意履行法律和条款规定的各项义务，所填写内容的真实性由本人负责"。

在一审开庭举证质证过程中，长安责任保险公司提交签有徐某姓名的投保单和保险条款，证明在投保时原告方看到并收到了保险条款，而且长安责任保险公司对免责条款向投保人进行了明确说明和提示。原告诉讼代理人对此发表质证意见，提出抗辩，认为该投保单和保险条款上的签字不是徐某本人所签。长安责任保险公司分析回顾投保过程后认为，本案投保的机动车辆是徐某和臧×丽夫妻的私家车，属家庭共有财产，当时去长安责任保险公司柜台购买保险办理投保手续者，肯定是其夫妻二人之一，既然对方认为保险条款上的签字不是徐某所签，那就一定是徐某的妻子去为私家车买保险时签了丈夫徐某的名字。

2015年11月26日，长安责任保险公司向法院提出"对徐某妻子笔迹进行鉴

---

① 该保险条款共有6页文字，是在3张连体的A4纸上正反面印制的，第1页上"责任免除"文字与第6页上"投保人或被保险人签字"文字恰好印制在同一张A4纸上的正面和反面(也是首页和尾页)。保险条款的原件在一审举证质证后由长安责任保险公司撤回，在法院案卷中留下的两页保险条款复印件，为与案件事实认定有关的该保险条款的首页(记载有责任免除的内容)和尾页(原告配偶在末页最下端的落款处留有手写签名及身份证号码、落款时间)。

定”的申请,申请依法鉴定本案所涉及的《保险条款》中“投保人声明”项下手写文字“徐某”以及相随的“身份证号码”“年月日”中的阿拉伯数字是否为徐某的妻子臧×丽所写。根据所提取的臧×丽笔迹,某鉴定机构鉴定,上述文字确系徐某的妻子臧×丽所写。

2016年11月28日,诸城市人民法院作出(2014)诸商初字第872号民事判决,依据《中华人民共和国合同法》第60条、第107条、《中华人民共和国保险法》(以下简称《保险法》)第2条,判由被告长安责任保险公司赔偿原告徐某保险金146726.2元,并承担相应的案件受理费;同时驳回了原告为了减轻其刑事责任而与死者家人协商多赔部分的诉讼请求。接到一审判决书后,长安责任保险公司提起上诉,请求二审法院撤销原判决,依法改判其不承担保险责任。

2017年10月26日,潍坊市中级人民法院经两次开庭后作出二审判决,维持一审判决。长安责任保险公司依据《中华人民共和国民事诉讼法》第200条,认为二审判决适用法律错误、认定案件主要事实缺乏证据支持,申请再审。

二、两种观点之对立:原告和一审判决认为保险人应当承担保险责任的依据以及保险公司抗辩与上诉的理由

我国《保险法》第17条①规定了保险人采用其提供的格式条款订立保险合同时,就免责条款对投保人负有“明确说明义务”和“足以引起投保人注意的提示义务”。本案中,徐某发生交通事故后弃车逃逸,属于保险合同条款中明确约定的“责任免除”事项。按照《最高人民法院关于适用〈中华人民共和国保险法〉若干问题的解释(二)》(以下简称《保险法司法解释(二)》)第11条第1款②的规定,对本案所涉及的《机动车第三者责任保险条款》中的“责任免除”部分内容,长安责任保险公司已经从文字、字体上对免责条款作了加粗、加黑处理。原告妻子签字

① 我国《保险法》第17条规定:“订立保险合同,采用保险人提供的格式条款的,保险人向投保人提供的投保单应当附格式条款,保险人应当向投保人说明合同的内容。对保险合同中免除保险人责任的条款,保险人在订立合同时应当在投保单、保险单或者其他保险凭证上作出足以引起投保人注意的提示,并对该条款的内容以书面或者口头形式向投保人作出明确说明;未作提示或者明确说明的,该条款不产生效力。”

②《最高人民法院关于适用〈中华人民共和国保险法〉若干问题的解释(二)》第11条第1款规定:“保险合同订立时,保险人在投保单或者保险单等其他保险凭证上,对保险合同中免除保险人责任的条款,以足以引起投保人注意的文字、字体、符号或者其他明显标志作出提示的,人民法院应当认定其履行了保险法第十七条第二款规定的提示义务。”

确认，即应认定为保险人履行了“足以引起投保人注意的提示义务”。交通肇事逃逸是刑事犯罪行为，相关规定属于法律禁止性规定。依据《保险法司法解释（二）》第 10 条[①]的规定，保险人对免责条款只需要履行提示义务即可，无需履行说明义务。因此，本案件的争议焦点显然集中于保险条款，而对保险条款的争议，则又集中于“投保人是否领受了保险公司对责任免除条款提示义务的履行”的事实认定。

（一）一审判决所持观点及判由保险公司支付保险金的理由

一审法院在本案判决中首先认定了保险合同的成立、生效及合同的有效性，也依据《道路交通事故认定书》及徐某被依法追究交通肇事罪刑事责任的事实，认定了徐某在发生交通事故后弃车逃逸。

一审判决长安责任保险公司对徐某应当承担赔偿责任的理由主要体现在判决书的“本院认为”部分——“被告主张应当免除赔偿责任的约定，记载于被告提供的保险条款关于责任免除约定之第 5 条第（六）项。[②] 原告主张被告提供的保险条款中不是本人签名，保险条款没有向其交付，免责条款没有向其明确告知（本文注：此处一审判决误将“说明”表达为“告知”），故被告的免责事由不成立。针对双方的争议，对于保险签名的真伪进行了司法鉴定，确定为原告配偶所签。被告提供的保险条款，共有两页内容，记载有责任免除的内容为首页，原告配偶在末页最下端的落款处手写签名及身份证号码、落款时间，该条款没有明确记载是否向原告及配偶交付了内容一致的副本。[③] 根据以上事实，被告提交的保险条款存有以下疑点：一是无法确认向原告交付内容一致的副本；二是证据本身首页与末页是否是同一文件，因首页中没有原告方人员的签名，不能以证据本身予以直接确认，亦因被告不能证明向原告交付了相同内容的副本，无法要求原告提供相同的保险条款相互印证确认。由于保险条款的首页与末页之间缺乏关联性，

---

① 《保险法司法解释（二）》第 10 条规定：“保险人将法律、行政法规中的禁止性规定情形作为保险合同免责条款的免责事由，保险人对该条款作出提示后，投保人、被保险人、受益人以保险人为履行明确说明义务为由主张该条款不生效的，人民法院不予支持。”

② 《机动车第三者责任保险条款》中责任免除部分第 5 条为：“下列情况下，不论任何原因造成的对第三者的损害赔偿责任，保险人均不负责赔偿：（六）事故发生后，被保险人或其允许的驾驶人在未依法采取措施的情况下驾驶被保险机动车或者遗弃被保险机动车逃离事故现场，或故意破坏、伪造现场、毁灭证据……”

③ 在保险业务实践中，保险条款从来没有过正副本之分。保险条款是放置于公司备用的完全一模一样的书面材料。

不能确认为本案的证据，故被告没有证据证明被告双方对责任免除事项的具体约定及已经向原告明确告知(本文注：此处一审判决仍然误将“说明”表达为“告知”，可能确实分不清“告知”与“说明”分别应当是属于投保人与保险人的法定义务，而将保险合同两方当事人的义务颠倒)了责任免除事项。被告主张免除责任证据不足(本文注：被告在一审中从来没有主张过免除责任证据不足，也不可能自己主张自己提供的证据不足)，本院依法不予支持。”

分析梳理一审判决书的上述核心内容可见，一审判决由长安责任保险公司对徐某承担赔偿保险金责任的观点和理由①，不外乎包括以下4个主要方面。

第一，徐某的妻子臧×丽到保险公司对私家车购买保险、订立保险合同的行为，是有效的民事法律行为，应当受法律保护。尽管其在多处签字项下签的是其丈夫徐某的名字，但这并不影响该份保险合同的成立与生效②，即，一审判决对徐某的妻子签上丈夫的姓名，以其丈夫的名义与保险公司订立私家车保险合同这一行为的合法有效性是完全认可的。

第二，在保险人对保险合同免责条款提示义务履行的案件事实认定上有两个重要事实。一是被印制在同一张纸正反面上的文字内容，由于当事人没有在正反两面上都签字，应当认定其不是同一个文件上的内容。二是对于保险公司提供的保险条款证据，首先，应当在每一页上都有当事人的签字，各页上的相关内容才可能被认定为有效；其次，保险公司对免责条款提示义务的履行，仅仅符合《保险法司法解释(二)》第11条第1款③规定的条件是不够的，投保人看到了保险条款并在条款上签字确认，也仍然不能认定为提示义务的履行到位；再次，保险人必须证明将保险条款已经交付给了被保险人才可以认定保险人履行了对免责条款的提示义务，否则，即认为保险人没有履行免责条款的提示义务，该免责条款的内容不具有合同约束力。

---

① 虽然一审判决对一些重要内容并没有用书面文字的方式写入判决书中，但这并不影响其作出判决的观点和理由的客观存在以及作用的发挥。

② 这样重要的基础性理由虽然并没有被公开写入一审判决书中，被隐蔽掉了，但是经过推理是不难得知的。因为判决作为当事人一方的保险人向另一方被保险人承担支付保险金的责任，必须以保险合同的成立和生效为前提条件。否则，皮之不存，毛将焉附?

③《保险法司法解释(二)》第11条第1款规定：“保险合同订立时，保险人在投保单或者保险单等其他保险凭证上，对保险合同中免除保险人责任的条款，以足以引起投保人注意的文字、字体、符号或者其他明显标志作出提示的，人民法院应当认定其履行了保险法第十七条第二款规定的提示义务。”

第三，保险事故发生后，徐某弃车逃逸并构成交通肇事犯罪，虽然属于合同保险约定的责任免除事项，但是由于投保时保险公司对免责条款提示义务的履行，是由前去投保的徐某妻子领受的，加之认为保险条款没有交付，因而无效。

第四，《中华人民共和国婚姻法》(以下简称《婚姻法》)第 17 条及其相应司法解释的规定，不应当适用于本案的判决。①

(二)原告诉讼代理人在一审中的主要观点

原告诉讼代理人在一审庭审中的辩论，除了认为“原告在发生交通事故后弃车离开现场的行为不属于逃逸”“原告家属积极向死者家属赔偿 27 万元并达成谅解，死者家属不再追究原告任何责任”之外，其主要观点和理由为：

原告妻子签丈夫之姓名购买保险事实上也是一种保险代理行为。由于原告从来没有收到过保险公司的保险条款，按照《保险法司法解释(二)》第 3 条的规定②，被告保险公司即使是对原告妻子履行了对免责条款的提示义务，对原告也不生效，保险公司应当赔偿原告的损失。

(三)长安责任保险公司代理人③的观点：一审抗辩及上诉理由

本案在一审中前后三次开庭，长安责任保险公司代理人不同意一审法院的观点，其观点和理由主要体现于答辩状和补充答辩意见之中。

第一，原告徐某违章驾驶致人死亡、肇事逃逸的行为是由公安局交通警察大队出具的道路交通事故认定书认定的，属于双方保险合同约定的责任免除事项，在订立保险合同时，保险人已就保险合同中免除保险人责任的条款，依法履行了足以引起投保人注意的提示义务和明确说明义务，而且已经由前去购买保险的原告妻子在投保单、保险条款、保险单等书面材料上进行过签字确认，领受了提示义务，保险公司拒赔保险金是理所当然的。

---

① 对本案是否应当适用《婚姻法》及其司法解释的问题，长安保险公司曾在答辩过程中多次作为抗辩理由提出，一审判决所依据的法律规范中始终没有涉及该法律，自然是认为婚姻法不应当适用于本案判决。

②《保险法司法解释(二)》第 3 条规定：“投保人或者投保人的代理人订立保险合同时没有亲自签字或者盖章，而由保险人或者保险人的代理人代为签字或者盖章的，对投保人不生效。但投保人已经交纳保险费的，视为其对代签字或者盖章行为的追认。保险人或者保险人的代理人代为填写保险单证后经投保人签字或者盖章确认的，代为填写的内容视为投保人的真实意思表示。但有证据证明保险人或者保险人的代理人存在保险法第一百一十六条、第一百三十一条相关规定情形的除外。”

③ 本案长安责任保险公司的一审、二审、申请再审诉讼代理人均为本文作者，长安责任保险公司诉讼代理人的观点即为本文观点。

第二，保险人在履行对免责条款的提示义务中，被印制在同一张保险条款纸张正反面上的文字内容，应当认定为同一个文件，当事人在同一纸张其中一面上签字，表明其对两面内容的确认。保险人对免责条款提示义务的履行，只要符合《保险法》及最高人民法院司法解释的相关规定，即为履行到位和有效。要求保险人必须证明将保险条款已经交付给了被保险人，才可以认定保险人履行了对免责条款的提示义务，不仅没有合同依据和法律根据，而且明显违反了保险法及其司法解释的明文规定，也有悖于常理。

第三，原告徐某夫妻用于购买保险产品的钱财是夫妻共同共有的财产，作为保险标的的私家车，也是其夫妻的共同共有财产，原告夫妻对私家车享有共同的财产所有权和保险利益。原告妻子到保险公司在投保单上签丈夫姓名为家用私车投保买保险，属于日常生活中常见的家事办理，并非民事代理，更不属于保险代理，根本不存在"谁代理谁""谁是代理人""谁是被代理人"的问题，投保时无论由夫妻中的谁去保险公司买保险，无论由谁去买还是签谁的名字，其法律效果都是一样的。因此，该行为的合法有效性，不仅决定了该保险合同的有效性，即保险合同的依法成立与生效，同时也决定了原告妻子领受了保险人对保险免责条款"明确说明"和"足以引起投保人注意的提示"义务的履行。

第四，《婚姻法》及其司法解释，对本案具有显而易见的和十分恰当的参考价值。我国《婚姻法》第17条规定："夫妻对共同所有的财产，有平等的处理权"①，《最高人民法院关于适用〈中华人民共和国婚姻法〉若干问题的解释(一)》第17条规定："《婚姻法》第十七条关于'夫或妻对夫妻共同所有的财产，有平等的处理权'的规定，应当理解为：(一)夫或妻在处理夫妻共同财产上的权利是平等的。因日常生活需要而处理夫妻共同财产的，任何一方均有权决定。(二)夫或妻非因日常生活需要对夫妻共同财产做重要处理决定，夫妻双方应当平等协商，取得一致意见。他人有理由相信其为夫妻双方共同意思表示的，另一方不得以不同意或不知道为由对抗善意第三人。"此规定肯定了夫妻对日常家事的办理权及其不具有对抗善意第三人的效力。

本案原告及其妻子都具有为家庭日常生活需要处置家庭共有财产的权利，

---

①《婚姻法》第17条原文是："夫妻在婚姻关系存续期间所得的下列财产，归夫妻共同所有：(一)工资、奖金；(二)生产、经营的收益；(三)知识产权的收益；(四)继承或赠与所得的财产，但本法第十八条第三项规定的除外；(五)其他应当归共同所有的财产。夫妻对共同所有的财产，有平等的处理权。"

原告妻子用夫妻共同所有的钱财为家庭共有的私家车买保险，是有效的民事法律行为。她在投保单、保险条款、保险单上签字确认，订立保险合同，领受提示义务履行，办理家庭事务，无论依照《婚姻法》及相关司法解释的规定，还是按照人们的日常生活习惯，都不具有对抗善意第三人的效力。假如徐某夫妻购买本案投保私家车时，妻子以丈夫的名义与车行签订格式买卖合同，车行提示其妻子"提车后发生交通事故致使车辆毁损，不属于'三包'范围，车行不负责包修包换"，丈夫显然不能以"买车时车行并没有直接向自己说明与提示""自己不知情"为理由，要求车行免费换车修车。家庭中的任何生活消费活动本同一理。因此，《婚姻法》在本案中的适用是恰如其分的，不应当被漠视。

第五，原告妻子不是原告的保险代理人，原告妻子在保险条款和保险单证上的签字足以证明，原告夫妻不仅收到了保险条款，而且对免责条款均已知悉。保险合同的约定中以及相关法律规定中，都没有原告和一审判决理解的"保险公司应当证明其向原告交付了保险条款，才能算得上是履行了对免责条款的提示义务"内容。原告妻子签丈夫之姓名购买保险属于办理家庭事务，不存在代理行为，不存在与《保险法司法解释(二)》第 3 条[①]相吻合的情形。原告以此条司法解释为由，欲认定被告没有向投保人履行提示和说明义务的观点，误读了该条司法解释的适用对象。

第六，上述司法解释是关于"保险合同代签名、代填保险单证法律后果"的规范。该条第 2 款与本案情形没有关系，该条第 1 款规范所针对的签字主体是保险人或者保险人的代理人，而本案中的签字主体却是投保人夫妻之一，无论其夫妻中是谁签字，都不存在《保险法司法解释(二)》第 3 条中"由保险人或者保险人的代理人代为签字或者盖章"的情形，因此，在投保单上的签字主体，并非司法解释所指的签字主体。如果本案适用本条司法解释，将导致主体错位。

本来夫妻对共同共有的财产就具有平等的处理权，对共同共有的私家车也有共同的投保权，只因私家车被登记于丈夫名下，机动车行驶证上留下的车主是丈夫的姓名，就只能顺理成章地以被保险人之名进行了投保。退一步讲，即使是

① 《保险法司法解释(二)》第 3 条规定："投保人或者投保人的代理人订立保险合同时没有亲自签字或者盖章，而由保险人或者保险人的代理人代为签字或者盖章的，对投保人不生效。但投保人已经交纳保险费的，视为其对代签字或者盖章行为的追认。保险人或者保险人的代理人代为填写保险单证后经投保人签字或者盖章确认的，代为填写的内容视为投保人的真实意思表示。但有证据证明保险人或者保险人的代理人存在保险法第一百一十六条、第一百三十一条相关规定情形的除外。"

按照原告的上述理解，不存在签字主体的错位，也由于原告在投保当时就已经交纳了保险费，按照《保险法司法解释(二)》第3条的规定，也应当“视为其对代签字或者盖章行为的追认”，更应当认定原告对其妻子领受保险条款提示义务的行为进行了追认。

三、二审判决维持原判的观点缘由及保险公司的抗辩观点

(一)二审判决维持原判的观点及缘由

本案一审判决下达后，长安责任保险公司及时提起上诉，二审法院经两次开庭审理，维持了原判决，认为“一审判决认定事实清楚，适用法律正确，应予维持”。二审判决书的核心内容为:“当事人在二审中主要的争议焦点问题，是上诉人向被上诉人配偶交付保险条款能否认定其已就免责条款向被上诉人履行了提示义务，其应否赔付涉案保险费用。上诉人主张，被上诉人交通肇事逃逸，交通肇事逃逸属于责任免除约定内容，且上诉人已将保险条款交付被上诉人配偶已尽到了提示义务。对此，本院认为,《保险法》第17条第2款规定，对保险合同中免除保险人责任的条款，保险人在订立合同时应当在投保单、保险单或者其他保险凭证上作出足以引起投保人注意的提示，并对该条款的内容以书面或者口头形式向投保人作出明确说明;未作提示或者明确说明的，该条款不产生效力。由此可以看出，保险人履行提示义务的对象是投保人。本案中，涉案机动车辆保险的投保人为被上诉人徐某，而从本院查明的事实来看，上诉人将涉案保险条款交付于被上诉人徐某配偶臧×丽，即对涉案保险合同中免除责任条款向臧×丽履行了提示义务，但被上诉人徐某未对臧×丽签收保险条款的行为予以追认，且上诉人亦未提供证据证明臧×丽签收保险条款已经(得到)被上诉人授权，被上诉人徐某配偶臧×丽基于配偶身份代徐某签字及交纳保费的行为并不改变徐某投保人的身份，不能因其配偶身份而免除上诉人向投保人徐某履行提示义务。特别需要予以说明的是，为规范保险市场的代签名现象，作为保险业务的专门监管机构，中国保险监督管理委员会也多次作出规定，禁止在保险业务中代替投保人签名的行为，由此可以看出，在涉保险业务范围内，未有投保人授权或追认前提下的代签名不仅未有法律上的依据，亦为保险行业所禁止，上诉人作为保险业务的从业者，亦应当恪守各类保险规范。综上，被上诉人就涉案保险合同中免除责任条款履行提示义务的对象是投保人徐某，上诉人并未提供证据证明其已向投保人徐某进行了免责条款的提示，保险合同中的相关免责条款对徐某不产生效

力，一审法院判令上诉人赔付涉案保险费用并无不当，上诉人关于其向被上诉人徐某配偶履行提示义务的效力及于徐某的上诉主张无法律上的依据，亦无事实依据，本院不予支持。”

分析上述内容可见，二审判决书中虽然认定“一审判决认定事实清楚”，但实质上却潜在地修改了一审判决对两项重要案件事实的错误认定：一是被印制在同一张纸正反面上的文字内容，因当事人只在一面签字而没有在正反两面上都签字，便认定两页文字不是同一个文件上的内容；二是实际投保人看到了保险条款并在条款上签字确认，仍然不能认定为保险人对免责条款履行了提示义务，保险人必须证明将保险条款已经交付给了对方才可以认定保险人履行了对免责条款的提示义务，否则，即为保险人没有履行免责条款的提示义务，该免责条款的内容就不具有合同约束力的内容。

另外，二审判决将当事人争议的焦点定位为“是上诉人向被上诉人配偶交付保险条款能否认定其已就免责条款向被上诉人履行了提示义务，其应否赔付涉案保险费用”，这一焦点不仅抓住了案件争议的核心问题，也明确了一审判决中对上述两项事实认定的不妥之处。

二审判决的主要观点和缘由可以概括为以下四点。

第一，原告徐某的妻子臧×丽用家庭夫妻共同财产为他们的私家车购买保险，在保险条款和单证上签的都是其丈夫徐某的名字，这种行为照样是一种普通的民事代理。留在保险条款和保险单证上的签字，都属于投保过程中保险代理人的“代签名”，本案中这样的夫妻替代签名现象，与保险业务中通常所见的非投保人本人代替投保人签名的行为没有区别，同样属于作为保险业务专门监管机构的中国保险监督管理委员会多次作出规定的、禁止在保险业务中实施的行为。因而，二审虽然可以认定保险公司将保险条款实际交付给了前去办理投保手续的徐某妻子臧×丽，但那只是向臧×丽进行了免责条款的提示，由于该保险条款并没有交付给徐某本人，这等于保险公司对免责条款提示义务的履行，只是由徐某的妻子领受到了，丈夫徐某并没有领受，也就等同于保险公司对免责条款的提示义务并没有履行，虽然徐某“交通肇事逃逸致人死亡”违反法律的禁止性规定，属于保险合同中约定的责任免除事项，但保险公司仍然应当按照《保险法》第 17 条第 2 款的规定，承担赔偿责任。

第二，“保险人履行提示义务的对象是投保人”，臧×丽作为徐某的妻子虽然是事实上的购买保险者，但不是名义上的投保人，其签收保险条款的行为，既没有得到丈夫徐某的事前授权，也没有得到徐某的事后追认，领受保险条款是无效的。“本案中，涉案机动车辆保险的投保人为被上诉人徐某，而从本院查明的事实来看，上诉人将涉案保险条款交付于被上诉人徐某配偶臧×丽，即对涉案保险合同中免除责任条款向臧×丽履行了提示义务，但被上诉人徐某未对臧×丽签收保险条款的行为予以追认，且上诉人亦未提供证据证明臧×丽签收保险条款已经(得到)被上诉人授权，被上诉人徐某配偶臧×丽基于配偶身份代徐某签字及交纳保费的行为并不改变徐某投保人的身份，不能因其配偶身份而免除上诉人向投保人徐某履行提示义务”，“保险合同中的相关免责条款对徐某不产生效力”。

第三，“上诉人关于其向被上诉人徐某配偶履行提示义务的效力及于徐某的上诉主张无法律上的依据，亦无事实依据，本院不予支持”。

第四，与一审判决的观点相同，《婚姻法》第17条及其相应司法解释的规定，不应当适用于本案的判决，不必提及。

(二)保险公司诉讼代理人的抗辩理由与观点

本文所涉案件中由夫妻之一方以另一方的名义，用夫妻共有财产为夫妻共有的家庭车辆购买保险的现象，在现实生活中并不罕见。在此情景中，名义上的投保人和被保险人必定是购买私家车后在车辆管理机构登记的车辆“所有人”，而此时的车辆“所有人”实际上是一个家庭，并非将私家车登记在其名下的夫妻一方中的那个人。当私家车需要转移风险时，前去购买保险、办理投保手续者，既有可能是在车管所登记的车辆“所有人”，也有可能是车辆“所有人”的配偶。这种情况完全不应当与非夫妻关系之间的保险代理一概而论。

第一，因夫妻财产混同，夫妻之一方为家庭利益而办理家庭事务，属于“家事办理”，不是民事代理，更不是保险代理。夫妻任意一方办理家事时，民事行为主体是混同的，夫妻一方的民事法律行为，无需得到另一方的事前授权或事后追认，即具有法律效力。这种日常生活现象，每个在正常婚姻家庭中生活的自然人都有亲身体验。本案的名义投保人和保险条款和保险单证上签字的实际投保人，系夫妻关系，夫妻混同的财产既包括购买的私家车，也包括交付到保险公司的保险费等钱财。夫妻有共同的家庭事务处理权，这不仅是家庭生活的习惯与常识，也是《婚姻法》的明确规定。对于作为本案保险标的的私家车而言，夫妻具有共同的、不可分割的保险利益，主体混同致使其保险利益亦混同，原告夫妻为家庭财产中共同共有的私家车辆购买保险，丈夫仅是名义上的投保人，代替丈夫签字的妻子则是原告的“家里人”，而不是“保险代理人”，这不同于一般投保人与保险代理人的关系。原告妻子以原告名义向保险人交保费、买保险，是为家庭日常生活需要、为转移家庭车辆风险处置家庭共同共有财产的行为，夫妻双方无论谁去办理投保手续，无论以谁的名义投保，无论谁去签字，无论签上谁的名字，都不存在“谁代理谁”“谁是代理人”“谁是被代理人”的问题，其法律后果都是一样的。这不论是对确定原告方投保意思表示的真实性、保险合同的成立生效乃至其有效性，还是确定投保人领受保险人履行保险合同免责条款的“明确说明”和“足以引起投保人注意的提示”义务的有效性，都具有重要意义的。

原告妻子以其丈夫之名义签字，交保费买保险，与其他类型的夫妻一方处置家庭财产、购买物品的行为性质没有两样，无需一方对另一方进行授权或追认。假如另一方以没有授权或追认为由而不承认已经成就的事实，也不具有对抗善意第三人的效力，这既不符合法律规定也不符合生活常识。

第二，综上所述不难推定，保险公司将保险条款交付于原告妻子，就保险合同中的责任免除条款作出了足以引起其注意的提示，该提示义务的履行及领受，自然及于原告本人。因夫妻关系而产生的财产合同，必然使投保主体发生混同，这又必然导致免责条款提示义务履行领受主体的混同。免责条款提示义务履行领受主体的混同，自然使得保险公司向原告妻子的提示，等同于是向其夫妻双方的提示。尽管“保险人履行提示义务的对象是投保人”，尽管徐某的配偶臧×丽基于配偶身份签了徐某的名字，但在投保主体实乃一个家庭、发生主体混同的条件下，交付保险费为私家车购买保险的行为，并不改变徐某的投保人身份，我们有理由因其配偶身份的特殊性，认定保险人履行完毕的提示义务对象是原告夫妻一家，保险合同中的相关免责条款对原告徐某具有法律约束力。

在一个短暂的时间段内由同一人同时完成填写并提交投保单①、领受说明与提示义务的履行、交付保险费、收执保险单、收执保险费发票等办理投保手续的全套工作，保险人有理由相信其投保行为是夫妻双方共同的意思表示，法庭也足以根据《最高人民法院关于民事诉讼证据的若干规定》，认定或推定是原告妻子代表其家庭签字，直接领受了保险人履行对免责条款的说明与提示义务。在认定同一个短暂时段内连续行为的属性时，既然可以认定徐某妻子订立合同的意思表示以及合同本身是有效的，是无需授权或追认的，却偏偏其领受提示义务履

① 当事人在保险公司填写并提交投保单，是发出订立保险合同意思表示的要约行为。

行的行为是无效的,是需要得到授权或追认才能有效,这是不合逻辑的。一般而言,既然认定订立合同有效,更应当认定领受提示义务的履行有效,因为前者比后者要重要得多。由于夫妻关系不同于一般投保人与保险代理人的关系,领受提示义务自然是相互融通的。这就如同法院把本应当送达给原告徐某本人的开庭传票或判决书以EMS方式送到其家中,由其妻子替他签了名字,即产生与送达给他本人同样的效果是一样的道理。如果此时徐某说"送达对象是徐某而不是他妻子,这等于该司法文书没有送达,不产生相应的法律后果",则不予采信。

第三,《婚姻法》是调整婚姻家庭关系的基本法律规范,该案虽然不涉及结婚离婚的人身关系,但其涉及因夫妻关系进而产生的财产关系及权利义务认定,因此,《婚姻法》在该案中的适用是适当的,也是其他法律规范无法取代的。《婚姻法》可谓解决本案看似棘手问题的一把"金钥匙"。《婚姻法》第17条及其相应司法解释的规定[①],明确而具体,肯定了夫妻对日常家事的办理权以及不具有对抗善意第三人的效力。《婚姻法》本来是可以适用于一切涉及家庭关系的案件的,《婚姻法》自身以及其他法律,也都没有排除其在涉及夫妻关系的保险案件中的适用,却在该案一审二审判决中被"拒之门外"。原告徐某与其妻子的夫妻关系是不争的事实;原告妻子为私家车办理投保手续并非保险代理人代理投保,而是原告的家里人去办理家庭事务,这也是不争的事实;保险人就免责条款向原告妻子履行了说明与提示义务,而且对方已经领受了该义务,这仍然是不争的事实。这些基本的案件事实都是正确认定案件事实的依据,《婚姻法》及其司法解释的规范也不能被说成为"不是法律依据"。由此可见,二审判决中所谓"上诉人关于其向被上诉人徐某配偶履行提示义务的效力及于徐某的上诉主张无法律上的依据,亦无事实依据,本院不予支持"的结论[②],才是真正属于既"无法律上的依据,亦无事实依据"的。

---

① 《最高人民法院关于适用〈中华人民共和国婚姻法〉若干问题的解释》第17条规定:"婚姻法第十七条关于'夫或妻对夫妻共同所有的财产,有平等的处理权'的规定,应当理解为:(一)夫或妻在处理夫妻共同财产上的权利是平等的。因日常生活需要而处理夫妻共同财产的,任何一方均有权决定。(二)夫或妻非因日常生活需要对夫妻共同财产做重要处理决定,夫妻双方应当平等协商,取得一致意见。他人有理由相信其为夫妻双方共同意思表示的,另一方不得以不同意或不知道为由对抗善意第三人。"

② 此乃二审判决书第12页原文。

四、保险公司申请再审的理由：本文观点的理论支持

二审维持一审判决后，长安责任保险公司及其代理人一致认为，一审法院判决由长安责任保险公司承担保险责任，以及二审法院维持原判都经不起推敲，所以不服山东省潍坊市中级人民法院于2017年10月26日作出的(2017)鲁07民终3442号民事判决，依据《中华人民共和国民事诉讼法》(以下简称《民事诉讼法》)第200条第6项、第2项之规定[①]，在法定期限内向山东省高级人民法院申请再审，请求撤销原判决，改判驳回一审原告的诉讼请求、判保险人不承担赔偿被申请人146726.2元保险金的责任及相应的案件受理费。

(一)再审申请符合民事诉讼法第200条第6项——原判决适用法律确有错误

作为再审申请人，长安责任保险公司认为，依照本案客观事实和《最高人民法院关于适用〈中华人民共和国民事诉讼法〉的解释》第390条[②]规定，原判决存在“违背常理，故意规避、弃用准确性和针对性强的法律依据，违反法律适用规则”和“适用法律与案件性质明显不符”两个方面的明显错误。

1. 二审判决适用的3条实体法均不具有针对性，与案件争议的基本事实及焦点问题基本无关

该案中，被一审适用、被二审认同的3条实体性法律规定是：①《合同法》第60条；②《合同法》第107条；③《保险法》第2条。

(1)《保险法》第2条：“本法所称保险，是指投保人根据合同约定，向保险人支付保险费，保险人对于合同约定的可能发生的事故因其发生所造成的财产损失承担赔偿保险金责任，或者当被保险人死亡、伤残、疾病或者达到合同约定的年龄、期限等条件时承担给付保险金责任的商业保险行为。”这是被两级法院作为下达判决适用或认可的唯一的《保险法》法条，是一条关于保险的法定概念的规定。令人费解的是，该案双方当事人始终没有否认过保险合同成立、生效、约定的事故已经发生的事实，没有任何人提出“本案不存在一个保险”的事实。双

---

① 《中华人民共和国民事诉讼法》第200条规定“当事人的申请符合下列情形之一的，人民法院应当再审：(二)原判决、裁定认定的基本事实缺乏证据证明的……(六)原判决、裁定适用法律确有错误的……”

② 《最高人民法院关于适用〈中华人民共和国民事诉讼法〉的解释》第390条规定：“有下列情形之一，导致判决、裁定结果错误的，应当认定为民事诉讼法第二百条第六项规定的原判决、裁定适用法律确有错误：(一)适用法律与案件性质明显不符；(二)确定民事责任明显违背当事人约定或者法律规定的；(五)违反法律适用规则的……”

方争议的焦点只是在于合同约定的“肇事逃逸不担责”在内的《保险条款》,已经由被保险人的妻子在投保时就已经拿到手并签字确认,领受了保险人对该提示义务的履行,按照法律和司法解释的规定以及保险条款约定,被保险人肇事后逃逸,保险人是否还应当向其赔偿保险金,一审二审下达判决适用的保险法第2条规定,与该案的案件性质明显不符,对该案案件事实的认定以及对判决结论的支持,并无适用意义和价值。

(2)《合同法》第60条规定:“当事人应当按照约定全面履行自己的义务。当事人应当遵循诚实信用原则,根据合同的性质、目的和交易习惯履行通知、协助、保密等义务。”《合同法》第107条规定:“当事人一方不履行合同义务或者履行合同义务不符合约定的,应当承担继续履行、采取补救措施或者赔偿损失等违约责任。”这分别是《合同法》关于“全面履行合同义务遵循诚信原则”“违约责任”的规定。一般来说,包括该案合同在内的所有保险合同,是无法被列入《合同法》分则的一类特殊合同。上述法条适用于保险合同纠纷的处理,并不具有特异性和针对性,而且适用该法条,应当建立在“认定承担责任方没有全面履行合同义务及存在违约事实”的基础之上。然而,原判决并没有作出过这样的事实认定,与之相反的事实是“按照保险合同的约定,交通肇事逃逸的,应当免除保险人的赔偿责任”。如果按照一审二审上述适用法律的规则与方法,所有保险合同纠纷案件都可以适用与案件事实无关的法条,这也不符合“以法律为准绳”的原则。

2. 一审二审判决规避、弃用对解决该案焦点问题具有极强针对性的实体法律规范,选择适用的法律与需要认定的案件事实关联性不强,是应属于“适用法律确有错误”

该案实质上涉及的是一起由夫妻一方处分夫妻共有财产,交付保费为私家车购买保险,同时领受免责条款提示义务履行的签订保险合同的活动。夫妻之一方为家庭利益订立保险合同,并同时领受保险合同免责条款提示义务,其效力是否及于另一方,是否对另一方有约束力,是案件争议的焦点。

该案的事实是:一审原告徐某与其妻子臧×丽用夫妻共有财产为夫妻共有车辆购买了保险,丈夫为名义上的投保人和被保险人,妻子为投保手续的具体办理人及保险合同签订人,更是实质意义上的投保人。妻子以丈夫之名义为夫妻共有的私家车买保险,是为了实现转移风险这一日常生活中共同需要的家庭消费,不属于代理,也无需代理,甚至也不属于表见代理。保险人有理由相信其投保的行为是夫妻双方共同的意思表示,申请人向前去为家庭共有汽车签订保险合同、办理投保手续的原告妻子提交了保险条款，对保险条款上“责任免除”的文字内容依法作了加粗加黑等处理，履行了对保险合同免责条款的提示义务，即等同于对其丈夫履行了相应的义务，因而申请人履行提示义务是到位的，被申请人没有理由以不知情、未授权、未追认为由，对抗善意第三人（保险人）。这如同前面举例谈到的妻子以丈夫的名义，签订格式合同购买了该车，车行提示妻子“车辆提走后发生交通事故毁损车辆不属于三包范围，车行不承担换车、修车责任”，丈夫以“自己不知情、未授权、未追认以及买车时车行没有直接向自己提示”为由，要求车行赔偿修理费不应当得到支持的道理完全一样。

综上，《婚姻法》不应当仅仅在夫妻一方购买保险中的“领受免责条款提示”这个环节的事实认定中丧失效力。该案并未选择适用针对性和特异性较强的法律规定，选择适用的法律与案件争议焦点以及案件性质关联性不强，直接影响判决结果的公平正义，应该属于“适用法律确有错误”。

3. 该案在投保单和保险条款上的签字人为被上诉人的妻子，投保买保险属于办理家庭事务，更不存在适用《保险法司法解释（二）》第 3 条规定条件的问题

两级法院的判决都没有直接引用本条司法解释，此处不再赘述。

4. 一审二审判决适用法律与案件性质不符

该案虽然是一起因道路交通事故侵权责任人逃逸（致一人死亡）引发的保险纠纷，但案件的性质和焦点最终演变为“夫妻一方处分家庭财产购买保险、办理日常家事的效力是否及于另一方，是否具有对抗善意第三人效力”的问题。或者说是本案被上诉人妻子作为事实上的投保人，以其丈夫之名义签字买保险、交保费、领取保险单、保险条款、保费发票等系列行为，是一律有效，还是“仅签字领取保险条款无效，而其他行为都有效”。本案的案件性质，最终落脚为“夫妻单方办理家庭事务对另一方具有法律约束力以及对外效力”。在这种情形下，只有适用婚姻家庭法律制度的规定作判决，才足够恰当与准确。然而，一审二审判决适用的法律确与案件性质不符。

（二）再审申请符合《民事诉讼法》第 200 条第 2 项——原判决认定的基本事实缺乏证据证明；认定案件事实不合乎逻辑

1. 原判决没有证据证明由徐某妻子订立的保险合同，是经徐某授权或追认的

该案的基本事实首先应当是，申请人长安责任保险公司与被申请人徐某由其妻子在保险公司订立的保险合同，是否依法成立生效而且合法有效。这一事实虽然已经被一二审判决明确给予了肯定性认定，但是，如果按照二审判决中关

于"非徐某本人实施的投保活动需要其'授权'或'追认'方可有效"的裁判思路和方法，由于徐某并没有提交任何证据证明其妻子以他的名义为私家车投保，是得到他的事前授权或事后追认的，如此这般，原判决认定保险合同成立生效的案件基本事实，是缺乏徐某"授权"和"追认"方面的证据证明的，这完全符合民事诉讼法第200条第2项再审申请的条件，再审法院应当撤销原判决，改判双方当事人的保险合同不成立、未生效，保险人不承担保险责任。

2. 原判决没有证据证明"申请人没有向被申请人履行免责条款提示义务"

针对当事人双方争议的焦点可以看到，本案的另一项基本案件事实，莫过于"在投保过程中，申请人是否向被申请人履行了免责条款提示义务"，这是确定保险人是否应当承担保险责任的必要前提，同样是案件的主要事实或基本事实。原判决虽然没有对此予以明确表述，但事实上在认可了保险合同的成立与生效的同时，却认定了申请人没有向被申请人履行免责条款提示义务的事实，或保险人对实际投保人徐某妻子履行免责条款提示义务，不能够及于名义投保人徐某，否则就不可能得出目前的判决结论。问题的关键是，当申请人已经举证证明，投保时经由原告妻子办理投保的所有手续，申请人已经向其提供了保险条款，并由其妻子在保险条款和保险单证上签了丈夫姓名的，而且经申请人申请，司法鉴定也确认了该签字系徐某妻子笔迹，保险条款上的责任免除内容已经作了加粗加黑等处理，此时，申请人的举证责任已经完成。此后，被申请人应当提供相反的证据，证明申请人没有履行免责条款提示义务。然而，原判决中并没有认定"申请人没有向被申请人履行免责条款提示义务"这一案件基本事实的证据。这仍然符合《民事诉讼法》第200条第2项"原判决认定的基本事实缺乏证据证明"的再审申请条件。在此情况下，除非认定妻子以丈夫之名义签订的保险合同是无效的，否则，在签订合同过程中领受保险人提示义务履行，即难以被言之无效。

3. 一审二审认定案件事实违背普通逻辑，原判决应予撤销

在被保险人徐某与其妻子财产混同、保险利益混同、投保主体混同的情形下，既然由妻子以丈夫的名义投保订立保险合同是有效的，领受保险免责条款提示义务也当然是有效的。在长安责任保险公司举证提交了由徐某妻子签字的保险条款和保险单证，且司法鉴定证明确系本人签字的情况下，原告徐某即被申请人的诉讼请求想要得到法院的支持，应当举出相反的证据证明长安责任保险公司的上诉证据是不真实的。法院要作出支持徐某诉讼请求的判决，更应当有"申请人没有向被申请人履行免责条款提示义务"证据的支持，本案中却并没有这样

的证据证明案件基本事实，反倒是有证据证明保险人向投保人履行了提示义务，这当然属于《民事诉讼法》第200条第2项所列的“原判决认定的基本事实缺乏证据证明”情形。

按照原判决“徐某妻子为私家车买保险领受提示义务之效力要想及于丈夫，必须有丈夫的‘授权’或‘追认’”这一裁判逻辑，由于一审二审都实质上认定了涉案保险合同成立且有效的案件基本事实，那就必须有“徐某妻子签字交费投保的意思表示和行为，是经过其丈夫事前授权或者事后追认”的证据方可，但是原告并没有提供过这样的证据。因此，该事实缺乏相应的证据证明，原判决应当予以撤销。

五、对两级法院判决中几个重点问题的概括性评析

纵观该案全部案情、双方证据及判决结果，在本文前述内容对两级法院裁判的片段性分析基础上，仍然可以从整体上对本案裁判作以下概括性评析。

（一）一审二审判决对重要案件事实及其性质的认定，存在背离客观实际、使用双重标准实行单选性否定等异常现象

在该案中，保险标的车辆的所有权归属、妻子以丈夫名义买保险的事实及其性质、合同得以成立生效的原因等问题，都是十分重要的案件事实。保险标的车辆所有权归属事实的认定，不仅可以明确保险标的物的物权属性，而且可以确定当事人对保险利益的有无及保险利益的类型；妻子以丈夫名义为私家车买保险的事实及其性质的认定，可以鉴别该行为是否属于保险代理，以及是否可以适用保险代理方面的一系列法律和司法解释规定下达判决；由于在本案保险合同的订立过程中，毕竟实际投保人与名义投保人是夫妻，而不是同一个自然人，作为投保标的物的私家车车辆，名义所有权人与实际所有权人并不一致，对于合同得以成立生效原因等方面的事实认定，可以使“涉案合同成立并生效”的事实认定，建立在更加扎实的客观案件事实基础上，使案件判决能够经得起检验。然而，一审判决对这些重要的案件事实却只字不提，二审判决却依然认为“一审判决认定事实清楚，适用法律正确，应予维持”。

柜台订立保险合同的传统方式包括一系列活动，一般需要完成“在投保单上签字发出订立保险合同的要约、阅读或收执保险条款、领受保险人对免责条款的说明与提示义务、在同样版本的格式保险条款‘投保人声明页’上签字并留存于保险公司、接受保险公司同意承保的承诺和签发的保险单、交付保险费、收执保

险费发票”等事项。在上述一系列活动中,“领受保险人对免责条款的说明与提示义务”是其中一个较小的事项,与“在投保单上签字发出订立保险合同要约、接受保险公司同意承保的承诺意思表示和签发的保险单”相比,孰轻孰重,不言而喻。发出要约和接受承诺的效力,直接决定该保险合同的成立生效与否,以及合同的效力评判,而领受提示义务的效力,则仅仅是主要决定保险合同免责条款对被保险人是否有约束力。对同一人就同一份保险合同的签订及领受提示义务的效力认定,虽然应当采用同一标准。具体到该案而言,若认定徐某妻子以其丈夫之名义填写投保单发出要约、接受保险人的承诺和保单等一系列行为为有效,对其中的领受保险人对免责条款提示义务环节,也自然应当认定其有效;反之亦然,即,认定徐某妻子领受保险人对免责条款的提示义务无效,那么徐某妻子以其丈夫之名义填写投保单订立保险合同的行为,也应当被认定为无效①。而本案一审二审判决在案件核心事实的认定中却遗憾地采用了双重标准,只认定妻子以丈夫之名义订立保险合同等一系列行为都是有效的,仅仅订立保险合同时妻子以丈夫之名义“领受免责条款提示义务”的履行是无效的。购买保险时,签订保险合同的所有流程环节全部是由徐某妻子办理的,为何仅免责条款对徐某不产生效力,其他行为都产生效力?法律依据何在?如此判决,恐怕难以体现公平正义。

(二)一审判决适用法律避重就轻,缺乏事实基础,仍然被二审认定正确

二审判决称,“上诉人关于其向被上诉人徐某配偶履行提示义务的效力及于徐某的上诉主张无法律上的依据,亦无事实依据,本院不予支持”。这其中“无法律上的依据,亦无事实依据”的结论是违背客观事实的。

徐某与其妻子臧×丽存在夫妻关系是不争的事实,这是其一;徐某妻子臧×丽作为实际投标人以其丈夫为名义投保人为私家车买保险订立了保险合同,也是不争的事实,而且这一事实也得到两级法院的实质性认定,这是其二;投保标的车辆是徐某夫妻的私家车,属于夫妻共有财产,这也应当是事实,这是其三。这些事实都是适用《婚姻法》第17条及其司法解释的基础事实,因此,二审判决书所说的“无事实依据”是没有根据的。这些案件的基础事实不被查明或认定,就必然使得本案判决对《婚姻法》的适用丧失了事实基础。

《婚姻法》是由全国人民代表大会制定的、法律地位仅次于《宪法》的、处理婚

① 如果如此认定,保险公司就会因保险合同不成立或无效而无需承担保险责任了。

姻家庭关系的国家基本法律制度。《婚姻法》本来就存在有适用于案件处理的准确规定，这当然不应当被说成是“无法律上的依据”。我国任何规范性法律文件都从来没有排除过《婚姻法》在保险案件裁判中的运用，凡涉及婚姻家庭关系的案件，都应当适用《婚姻法》进行调整才能保证适用法律的准确和恰当。

原判决虽然适用了《合同法》第60条关于“全面履行合同义务遵循诚信原则”的规定和第107条关于“违约责任”的规定，但又不作相应的事实认定，使法律的适用缺乏了事实基础。

(三)一审二审判决显现诸多矛盾之处，不符合基本逻辑

1. 原判决混淆了“家事办理”与“保险代理”两个基本概念，在客观运用法律思维及判决中自相矛盾

如前所述，本案是一起因道路交通事故责任人逃逸(致一人死亡)引发的保险纠纷，案件的争议焦点最终演变为“夫妻一方处分家庭财产购买保险产品、办理日常家事的效力是否及于另一方，是否具有对抗善意第三人效力”。被申请人配偶臧×丽在申请人公司的营业柜台，用夫妻共有的钱财以其丈夫之名义为夫妻共有的车辆购买保险，必须完成的“在投保单上签字投保(合同要约)、收执保险条款、接受免责条款说明与提示义务、在同一版本的格式保险条款上签字并留存于保险公司、交付保险费、收执保险单、收执保险费发票”等一系列活动之所以应被认定有效，一是由于该行为的性质属于“家事办理”，而不是“保险代理”，二是由于《婚姻法》及其司法解释对“家事办理行为的对内对外法律效力”早有明确的规定。

正是由于徐某与其妻子不存在投保人与保险代理人的关系，才使得办理保险的每个环节，无需授权与追认都一律有效，这也是一个依法、依生活常识都毋庸置疑的事实。其实在一审二审判决认定涉案保险合同成立、生效且有效的过程中，已经在客观上实质性地适用了《婚姻法》第17条及其司法解释的规定，否则就不可能产生“保险合同成立并生效”、保险公司应承担保险责任的判决效果。[①]

令人费解的是，二审判决只认定了“双方保险合同关系依法成立且合法有效，对合同当事人具有法定约束力”。由此可见，被判决书的一个隐蔽的事实认

---

① 如果按照原判决的逻辑，其实质上认定了涉案保险合同成立且有效的案件基本事实，但是并没有证明徐某妻子签字交费投保的意思表示和行为，是经过其丈夫授事前权或者事后追认的。因该事实缺乏相应的证据证明，原判决应当予以撤销。

定是:“本案被上诉人妻子作为事实上的投保人,以其丈夫之名义签字买保险、交保费、领取保险单、保险条款、保费发票等一连串投保系列行为,及于被上诉人,都是有效的。”然而,二审判决虽然已经查明了“上诉人将涉案保险条款交付于被上诉人徐某配偶臧×丽,对涉案保险合同中免除责任条款向臧×丽履行了提示义务”的事实,但却又认为“被上诉人徐某未对臧×丽签收保险条款的行为予以追认,且上诉人亦未提供证据证明臧×丽签收保险条款已经被上诉人授权,被上诉人徐某配偶臧×丽基于配偶身份代徐某签字及交纳保费的行为并不改变徐某投保人身份,不能因其配偶身份而免除上诉人向投保人徐某履行提示义务”。

机动车辆保险基本都使用格式化的保险条款,没有保险条款就难以成立保险合同。二审判决显然是认为,被上诉人徐某配偶臧×丽办理投保手续的一切行为及于徐某,这一系列行为是有效的,是无需其丈夫授权或追认的,只有收取保险条款的行为因没有得到其丈夫的授权或追认而无效,不及于徐某。可见,该判决无论是在外在的认定事实上,还是内在的法律适用上,都因混乱的逻辑思维导致自相矛盾的判决结果。

2. 二审判决的另一条重要理由违背“同一律”的普通逻辑基本规律

被二审判决书强调的另一个“特别需要说明”的重要理由,是“中国保险监督管理委员会也多次作出规定,禁止在保险业务中代替投保人签名的行为,由此可以看出,在涉保险业务范围内,未有投保人授权或追认前提下的代签名不仅未有法律上的依据,亦为保险行业所禁止,上诉人作为保险业务的从业者,亦应当恪守各类保险规范……”该判决忽略了徐某与其妻子是夫妻关系,而并不属于投保人与保险代理人关系的客观事实;忽略了徐某妻子直接为私家车买保险及办理全部投保业务活动,不是保险代理人为他人代办保险业务的事实。实际上,徐某妻子投保签字的行为并非上述判决依据中的“代替投保人签名”。二审判决认为的上述理由,显然违背普通逻辑的同一律,错误地将“保险业务中代替投保人签名”与“夫妻一方为私家车投保签字”混为一谈,严重跑题。

(四)一审二审判决书中的低级错误不应出现

除上述已经评析到的问题之外,原审判决书在多处出现不应有的低级错误。

第一,一审判决书在“本院认为”部分中提到“……原告主张被告提供的保险条款中不是本人签名,保险条款没有向其交付,免责条款没有向其明确告知,故被告的免责事由不成立……被告没有证据证明被告双方对责任免除事项的具体约定及已经向原告明确告知了责任免除事项”。本段将签订保险合同时,保险人向投保人履行的“明确说明”义务，说成是“如实告知”义务，将“告知”与“说明”两种不同义务的履行主体完全给颠倒了。不但如此，该判决还将“明确说明”与“如实告知”这两个偏正词组，进行了张冠李戴般地错位处理，生造出了“明确告知”的新词组。这显然不是“笔误”和“工作粗心马虎”，而应当是不懂保险法的基本常识。

第二，二审判决书在最后的总结中说“……一审法院判令上诉人赔付涉案保险费用并无不当”，这里所说的“保险费用”当然是指保险费了。《保险法》第 2 条规定：“本法所称保险，是指投保人根据合同约定，向保险人支付保险费，保险人对于合同约定的可能发生的事故因其发生所造成的财产损失承担赔偿保险金责任，或者当被保险人死亡、伤残、疾病或者达到合同约定的年龄、期限等条件时承担给付保险金责任的商业保险行为。”这是关于保险的法定概念的规定，其中也引出了“保险费”和“保险金”的概念。《保险法》在第 10 条、第 12 条、第 14 条、第 16 条、第 18 条等数十条规定中，都大量涉及“保险费”和“保险金”的概念，这两个概念现已成为大众化的概念，但二审判决却连“保险金”和“保险费”这样的基本保险术语概念都未能分辨清楚。

难以想象，一个连保险合同当事人“如实告知义务”与“明确说明义务”的履行主体都不能正确分辨的裁判者，和一个连“保险费”和“保险金”基本保险术语概念都分辨不明的裁判者，如何保证保险合同纠纷案件的公正合法判决？而一审二审判决书中暴露出的裁判者专业基础知识短板，并不仅仅存在于某个点上。

第三，众所周知，保险条款作为格式合同条款，是由各家保险公司在销售保险产品之前，就已经成千上万地批量印刷的相同书面备用材料，中外保险条款从来就没有过正本与副本的叫法和区别。一审判决书在其“本院认为”中却说“被告提交的保险条款存有以下疑点，一是无法确认向原告交付内容一致的副本；二是证据本身首页与末页是否是同一文件，因首页中没有原告方人员的签名，不能以证据本身予以直接确认，亦因被告不能证明向原告交付了相同内容的副本，无法要求原告提供相同的保险条款相互印证确认。由于保险条款的首页与末页之间缺乏关联性，不能确认为本案的证据，故被告没有证据证明被告双方对责任免除事项的具体约定及已经向原告明确告知了责任免除事项”。

在订立保险合同时，投保人一方一旦在留存于保险公司的保险条款上签字，即表明其亲眼目睹了签字的保险条款，也已经收到了与之完全相同的保险条款；保险条款对免责条款做过加粗加黑等文字处理，即证明保险人已经就免责条款的内容向投保人一方履行过了提示义务，这是符合《保险法》及其司法解释明确规定的。尤其该案投保人签字的位置是在保险条款的“投保人声明”项下，明确声明“保险人对上述条款中的责任免除条款已进行了明确说明和告知，本人对上述免责条款的内容、概念、和法律后果均已明了”，这本来是保险人履行说明和提示义务到位的最准确证据，而一审判决对此内容却视而不见，竟然以一个“保险条款正本与副本”的错误认知，否定了该证据的效力。

第四，保险人一审提交的《保险条款》原件共6页，是连体折叠印刷在3张A4纸的正反面的，印有“责任免除”的首页和“投保人声明”“投保人（被保险人）签章”的末页恰好是同一张纸的正反面。一审判决书出现的更加令人费解的错误是该“保险条款的首页与末页之间缺乏关联性，不能确认为本案证据”。把明明出现在《保险条款》同一纸张的正反面、分别印有“责任免除”和“投保人声明”“投保人（被保险人）签章”的首页和末页，认定为“由于故被告没有证据证明被告方对责任免除事项的具体约定及已经向原告明确告知了责任免除事项”，也是令人颇为不解的。（此处，一审判决又把保险人对免责条款的“提示义务”说成是“明确告知义务”）

一审判决还认为，保险人提交的保险条款“证据本身首页与末页是否是同一文件，因首页中没有原告方人员的签名，不能以证据本身予以直接确认”。试想，保险条款的首页和末页就印在同一张纸的正反面，只因另一面没有签字，就可以认定该证据本身不能直接确认首页与末页是同一文件，那还有什么能够证明这一事实？如果按照一审认定事实的逻辑进行推理，那么一审判决书共6页文字也并不是印在同一张纸上，更不在同一个页面上，而法院的公章仅盖在最后一页，也就是第6页上，判决书中记载有“本院认为”等重要内容的第3页、第4页上也并没有法院的盖章，并且与盖章页还不在同一张纸上，这是否也可以被认定为因其与盖章页之间缺乏关联性而无效呢？如果说投保人一方在保险条款正反面的其中一面上签字，另一面就可以被认定无效，那人民法院下达的判决书是否也只有盖章的那一页才有效，其他各页内容都无效呢？如此令人费解的错误，却也能够得到二审法院的认可，是不符合一般逻辑的。

结语

司法是维护社会公平正义的最后防线，民事诉讼应当遵守“以事实为根据，以法律为准绳”的基本原则。该案的两级法院判决，都对“妻子以丈夫之名义签名买保险”这一案件关键事实的性质不作认定，使两份判决都丧失法理根基和充分说理性。《婚姻法》第17条及其相应的司法解释，对于审判私家车投保夫妻替代签字纠纷案件的恰当性是毋庸置疑的。在保险纠纷案件的处理中，任何一份背离案件基本事实、背离法律基本规定、违反普通逻辑的判决，都会造成保险司法环境的恶化，都会给维护法律尊严、维护社会公平正义的社会效果和法治效果目标带来消极影响。社会主义法治国家的建设，不仅需要每个社会主体的努力，更需要每个法律人的共同努力和坚守。

参考文献

[1] 沈德咏.《中华人民共和国民法总则》条文理解与适用[M].北京：人民法院出版社，2017.
[2] 江必新.新民事诉讼法理解适用与实务指南[M].北京：法律出版社，2015.
[3] 沈德咏.最高人民法院民事诉讼法司法解释理解与适用[M].北京：人民法院出版社，2015.
[4] 最高人民法院保险法司法解释起草小组.《中华人民共和国保险法》保险合同章条文理解与适用[M].北京：中国法制出版社，2010.
[5] 最高人民法院民事审判第二庭.关于保险法司法解释(二)理解与适用[M].北京：人民法院出版社，2013.
[6] 王冶英.婚姻家庭法律制度热点问题研究[M].青岛：中国海洋大学出版社，2013.

非机动车与行人对机动车损失的事故赔偿责任

王成国　卜永利*

摘要：在交通事故案件中，对于非机动车和行人是否应赔偿机动车一方的损失存在两种裁判思路和裁判结果。一种观点认为，应按照侵权法的规定，由非机动车、行人按照过错承担赔偿责任；另一观点认为，应适用《中华人民共和国道路交通安全法》。对于行人、非机动车一方与机动车之间发生的道路交通事故，应有法律的明确指引，《中华人民共和国道路交通安全法》是处理这类案件的基本法律依据。在该法中，第76条就是合适的裁判规范。通过对该法第76条进行文义解释和体系解释，力求形成对该法条在适用层面上比较完整的认知，指出出现不同的裁判结果的原因在于该法条本身存在无过错责任和过错责任两种归责原则并存。在目前的立法框架下，对于机动车的车辆损失，非机动车、行人一方是否应当赔偿，需要根据具体的个案进行具体案件事实的确定，然后采用三段论的裁判方法，得出妥当的裁判结果，以逐步规范该类案件的裁量。

关键词：非机动车与行人　机动车　车辆损失　赔偿责任

交通事故案件中，非机动车与行人被机动车一方起诉，被要求赔偿机动车一方的损失，这类案件并不罕见。查阅这些案件不难发现，各地法院对此类案件的裁判，存在不同的理念和裁判结果。

一、两起同案不同判的案件引发的质疑

（一）两起案件的案情梗概

案例一：原告王明明与被告刘炳凯机动车交通事故责任纠纷案①

* 作者简介：王成国，临沂市平邑县人民法院院长。卜永利，临沂市平邑县人民法院民三庭庭长。

① 山东省博兴县人民法院(2015)博民初字第1400号民事判决书。

法院查明的案件事实：2015 年 7 月 5 日 9 时 30 分许，被告刘炳凯驾驶电动自行车在博兴县滨乔路乔庄镇刘乖子村村碑路口处由北向南过路口，与由西向东行驶的原告王明明驾驶的鲁 M×××××号车相撞，致被告刘炳凯受伤，两车损坏，造成道路交通事故。博兴县公安局交通警察大队出具道路交通事故认定书，认定被告刘炳凯承担事故同等责任，原告王明明承担事故同等责任。鲁 M×××××号车所有人系原告，中国平安财产保险股份有限公司山东分公司出具机动车辆保险定损报告，核定鲁 M×××××号车车辆损失为 10038 元（扣除残值 200 元）。原告在山东省博兴县广平福利汽修厂维修车辆支付维修费 10038 元。涉案电动自行车所有人系被告刘炳凯。

该法院判决理由及结果：原、被告双方对博兴县公安局交通警察大队出具的道路交通事故认定书均无异议，故对该证据依法予以采信。被告刘炳凯在事故中承担同等责任，其在事故中存在过错，应当承担侵权责任，故由非动车方的被告对机动车方的原告因涉诉交通事故造成的损失承担 40％的赔偿责任。原告的车损经中国平安财产保险股份有限公司山东分公司核定并已经实际支付，因此对原告的主张的车损 10038 元按过错责任比例予以支持。依照《中华人民共和国侵权责任法》（以下简称《侵权责任法》）第 6 条、第 19 条之规定，判决如下：一、被告刘炳凯于本判决生效之日起十日内赔偿原告王明明车损 4015.20 元；二、驳回原告王明明的其他诉讼请求。

案例二：王顺辉与李情机动车交通事故责任纠纷案①

一审法院认定的事实：2015 年 11 月 12 日 14 时许，王顺辉驾驶豫 B×××××号车沿 220 国道由西向东行驶至曹县庄寨镇蔡口村段，与由北向南过马路李情驾驶的电动三轮车发生碰撞后，豫 B×××××号车又碰撞蔡口村石碑，造

---

① 山东省曹县人民法院（2016）鲁 1721 民初 1369 号一审民事判决书，山东省菏泽市中级人民法院（2016）鲁 17 民终 2135 号二审民事判决书。经查阅，与案例二同类案件的判决有山东省菏泽市中级人民法院（2016）鲁 17 民终 2494 号二审民事判决书，上诉人祝清管因与被上诉人冯索连、原审被告中国人寿财产保险股份有限公司菏泽中心支公司（以下简称菏泽人寿财险）机动车交通事故责任纠纷一案，该案的裁判思路与该案相同，该案的裁判理由与之相似。该院认为，本案属机动车与非机动车之间发生的交通事故。人民法院在审理机动车与非机动车、行人的交通事故责任纠纷案件中，应贯彻《中华人民共和国道路交通安全法》的价值判断，根据《中华人民共和国道路交通安全法》第 76 条的规定，通过减轻机动车一方的责任实现对非机动车驾驶人、行人一方的过错评价，而不应支持机动车一方请求非机动车驾驶人、行人一方赔偿的诉讼主张。故一审判决并无不当，驳回上诉，维持原判。因属同一法院的裁判思路，在此不再全文引用。

成李情受伤,两车损坏,蔡口村石碑损毁。菏泽市公安局交通警察支队曹县大队于2015年11月24日作出第1658号道路交通事故认定书(简易程序),确定王顺辉承担此事故的主要责任,李情承担事故的次要责任。豫B×××××号车登记所有人为王顺辉,该车于2016年1月4日经中国人民财产保险股份有限公司兰考支公司核定损失价值为57163.66元。

一审法院认为:交通事故认定书是公安机关依法做出的,本案中原、被告均对交通事故认定书无异议,故根据交通事故认定书确定的事实、因果关系、责任划分来确定事故各方应承担的责任,王顺辉承担事故的主要责任,李情承担事故的次要责任。依据《山东省实施办法》第66条第1款之规定,本院确定李情对王顺辉的损害后果承担20%的赔偿责任。根据最高人民法院《关于审理道路交通事故损害赔偿案件适用法律若干问题的解释》第15条第1项的规定,王顺辉提供的证据能够相互印证证明其车辆损失情况,对其主张车辆损失57263元予以支持。李情应赔偿原告王顺辉车辆损失11452.60元。一审法院依照上述法律规定及《中华人民共和国民事诉讼法》第134条之规定判决如下:李情赔偿王顺辉车辆损失共计11452.6元。二审审理查明的事实与一审法院判决认定的事实一致。

二审法院认为:在审理机动车与非机动车及行人的交通事故责任纠纷案件中,应贯彻《中华人民共和国道路交通安全法》(以下简称《道路交通安全法》)的价值判断,根据《道路交通安全法》第76条的规定,通过减轻机动车一方的责任实现对非机动车驾驶人、行人一方的过错评价,而不应支持机动车一方请求非机动车驾驶人、行人一方赔偿的诉讼主张。故一审判决李情赔偿王顺辉车辆损失不当。李情的上诉请求成立,予以支持。依照《道路交通安全法》第76条,《中华人民共和国民事诉讼法》第170条第1款第2项规定,判决撤销山东省曹县人民法院(2016)鲁1721民初1369号民事判决,驳回原审原告王顺辉的诉讼请求。

(二)对两起雷同案件不同判决的质疑

讨论案件的主要目的之一,就是要在现行法规范的框架内通过逻辑推论,用现实生活中发生的法律纠纷推导出最为妥善、最有说服力的裁判结论。在司法实务中,对交通事故中非机动车和行人是否应赔偿机动车一方的损失存在争议,而目前法官在裁判中也存在两种思路,造成不同的裁判结果。本文通过筛选相关案例发现,法官在裁判中主要有以下两种观点:一种观点认为,尽管道路交通安全法没有规定非机动车与行人对机动车的赔偿责任,但仍应按照侵权法的规定,由非机动车及行人按照过错责任原则承担赔偿责任。另一观点认为,在同一事故中，非机动车及行人与机动车相撞，都不能脱离交通事故的范围。根据《侵权责任法》第 48 条之规定，机动车发生交通事故造成损害的，依照道路交通安全法的有关规定承担赔偿责任。《侵权责任法》显然是采取了规范指引的立法技术，将机动车交通事故损害赔偿责任的法律适用指向了《道路交通安全法》，脱离道路交通安全法独立确定非机动车及行人对机动车的赔偿责任是与侵权责任法立法原则相悖的。本文对案例一的裁判思路是持否定性评价观点的。

首先，案例一主要适用《侵权责任法》第 6 条作为裁判的依据，即等同于适用过错责任原则作为本案裁判的依据，但是在赔偿比例的认定上却又减少了 10%，判决书对此并没有作出说明。该案判决在选择适用法条时，除了《侵权责任法》第 6 条、第 19 条外，并没有引用其他法条，减少 10%的赔偿比例的判法，似乎是受到《道路交通安全法》第 76 条的影响，然而，判决书中没有具体说清，假设其真是受到《道路交通安全法》第 76 条的影响，说明其在案件适用法律中，存在判决思路的冲突和混淆，这也说明其适用法律规范是不自信的，甚至是错误的。

其二，案例一的裁判结果不符合《道路交通安全法》优先保护人身权利的价值取向，仅仅是按照过错进行评价，把行人、非机动车一方放在和机动车同等保护的位置上看待问题。其实，即使按照过错责任原则处理本案，对于行人、非机动车一方的过错，也不能仅仅按照事故责任认定书中划分的责任进行裁判。这里面涉及到比较复杂的道路通行中的各方权利义务的边界问题和机动车一方的礼让义务问题，应结合具体案件中的道路通行问题具体分析。而实际上，对于行人、非机动车与机动车之间发生的道路交通事故责任承担，已经有了《侵权责任法》第 48 条的明确指引，《道路交通安全法》就成为了处理这类案件的基本法律制度和依据。由于上述第一种判决有相关立法矛盾的根源，很难说其绝对错误。

本文作者赞同按照第二种观点，即适用《道路交通安全法》第 76 条的规定处理该类案件，而且是按照第 76 条的"倾向性评价"作为裁判的依据。何为"倾向性评价"？对"倾向性评价"的含义到底是什么？如果没有就"倾向性评价"的裁判依据给出令人信服的论证和说理，法院的裁判依据似乎有不明之嫌。[①] 倾向性并不代表必然的结果，从这个意义上说，裁判二的裁判思路是可行的，但裁判结果未必是正确的。本文主要以案例中的裁判思路作为反思的对象，指出法官论

① 案例中说理都是这样简单的表述：通过减轻机动车一方的责任实现对非机动车驾驶人、行人一方的过错评价，而不应支持机动车一方请求非机动车驾驶人、行人一方赔偿的诉讼主张。

证说理上存在的相当普遍的问题，在裁判承载着司法的社会效果、司法社会稳定功能和寻求司法的实质正义的司法目标的现实下，反思这种以简单说理一带而过的论证思路极为迫切。

二、现实裁判规则的寻找和梳理

在处理非机动车及行人与机动车发生事故赔偿机动车车损这类案件中，按照正常的裁判逻辑和思路，应是首先根据案件事实，寻找法律适用的大前提，选择适用法律的过程是法官首先需要面临的问题。

(一)适用法律范畴的确定

非机动车及行人与机动车发生事故属于机动车交通事故责任。交通事故是一个很大的范畴，交通事故包括道路交通事故、水路交通事故、铁路事故和航空事故，其中，道路交通事故又包括机动车交通事故和非机动车交通事故，非机动车交通事故就是非机动车与行人或者非机动车与非机动车之间、行人与行人之间在道路上方发生的交通事故。例如，张三骑自行车在道路上逆行将李四撞伤，即为非机动车交通事故。对于非机动车交通事故，按照《侵权责任法》第6条第1款的过错责任原则处理即可。所谓机动车交通事故是指机动车在道路上与机动车或非机动车或行人发生的交通事故。非机动车及行人与机动车相撞的另一个物理理解角度就是机动车与非机动车及行人发生相撞，这是一个事故的两个角度的描述，从性质上看，属于道路交通事故的范畴。

(二)立法上的明确指引

我国《侵权责任法》第六章规定的是机动车交通事故责任。① 根据《侵权责任法》第48条之规定："机动车发生交通事故造成损害的，依照道路交通安全法的有关规定承担赔偿责任。"《侵权责任法》采取了规范指引的立法技术，将机动车交通事故损害赔偿责任的法律适用指向了道路交通安全法。对于这类案件应该适用《道路交通安全法》作为裁判的规则。因而脱离《道路交通安全法》独立确定行人对机动车的赔偿责任是与《侵权责任法》立法原则相悖的。

(三)寻找合适的规范

既然确定了以《道路交通安全法》作为处理这类案件的法律依据，那么就要

① 为什么有了《道路交通安全法》还要在《侵权责任法》中用一章的篇幅规定机动车交通事故责任？按照程啸的说法，由于对机动车交通事故的主体在道交法中没有明确规定，实践中存在很大争议，作为新法，《侵权责任法》专门规定了第六章，主要规定了主体问题，属于拾漏补缺型的规定。见程啸《侵权责任法》，法律出版社2015年版，第517页。

寻找作为裁判依据的具体法条。《道路交通安全法》是规范道路交通事故的法律，该法第五章规定的是交通事故处理，处理道路交通事故应在第五章中寻找处理依据。该法第五章第76条第1款第2项的规定，机动车与非机动车驾驶人、行人发生交通事故，非机动车驾驶人、行人没有过错的，由机动车一方承担赔偿责任；有证据证明非机动车驾驶人、行人有过错的，根据过错程度适当减轻机动车一方的赔偿责任，机动车一方没有过错的，承担不超过10%的赔偿责任。第76条第2款规定，交通事故的损失是由非机动车驾驶人、行人故意碰撞造成的，机动车一方不承担赔偿责任。根据具体条款可以看出，第76条第1款第2项规定了机动车与非机动车及行人发生碰撞的归责原则，第76条第2款规定了免责事由。动车与非机动车及行人之间发生道路交通事故，另一种表述就是非机动车及行人与机动车之间发生道路交通事故，一体两面，实质上是一个事情的不同表述。仔细分析该法条就会发现，该条规定的是机动车一方应该如何赔偿非机动车，对于非机动车及行人给机动车一方造成损失如何处理，似乎没有明确表达，这造成一个错觉，此处似乎是一个法律漏洞，但这里并没有漏洞，而是一个归责原则的问题，实质上也规定了非机动车及行人给机动车造成损失如何赔偿的归责原则，这应该是案例二中裁判法官在说理中仅仅适用“倾向性评价”这种表述的原因，这也是对法律规定理解存在偏差带来的困扰。这种对法律规定的理解与立法表述有关，也与该法条所指向的重点有关，该法条首先是想表述交强险如何的赔偿问题，在交强险不足部分，才引出下面的表述。实际上，非机动车和行人不存在交强险问题，这确实是一个立法技术问题，但这种立法技术带来的困扰，并没有掩盖该法条所确定的归责原则。

三、对《道路交通安全法》第76条的解读

解读法条首先要明晰法律文本自身的意义脉络。理解法条需要对法条的内容进行解释，首先要进行文义解释、逻辑解释两项操作。文义解释是指按照法律条文所使用的文字词句的文义，对法律条文进行解释的方法①，通常被认为是民法解释学的起点。“尊重文义，为法律解释正当性的基础，旨在维持法律尊严及其适用之安定性”。②《道路交通安全法》第76条第1款第2项第一句为“机动车与非机动车驾驶人、行人发生交通事故，非机动车驾驶人、行人没有过错的，由机

① 梁慧星《裁判的方法》，法律出版社2004年版，第76～77页。

② 王泽鉴《法律思维与民法实例》，中国政法大学出版社2001年版，第220页。

动车一方承担赔偿责任。”单纯从字面上看，立法者在这里没有考虑机动车一方是否存有过错，这是典型的无过错原则的表述方式，基于特殊考虑，立法者直接规定，在某些时候即使行为人没有过错，只要造成了他人的损害，也要承担侵权责任，此种侵权损害赔偿不以过错为要件，称为无过错责任。无过错责任的成立不以过错为构成要件，只要存在加害行为、损害后果及因果关系等客观要件，不论侵权人有无过错，均不影响赔偿责任的成立。因此，《道路交通安全法》第76条第1款第2项第1句的表述属于典型的无过错责任原则的表述。引起争议的是第76条第1款第2项第2句，很多学者认为，该款“有证据证明非机动车驾驶人、行人有过错的，根据过错程度适当减轻机动车一方的赔偿责任”，这类实质上是规定了过错推定责任。[①] 过错推定责任对受害方的保护力度大于一般意义上的过错责任，但这里引入过错，也说明立法者在此处进行了权衡。从这个意义上说，也可以把第76条第1款第2项看成两个部分，从大的方向上看，适用无过错责任原则，但不排除机动车一方举证证实非机动车及行人一方的过错的情况下的减轻责任。

逻辑解释(体系解释)，是理解法条的另一项操作。法条是法典中的法条，每一个法条的字句都紧密交织在法体系中，构成一个有意义的关系。虽然我国尚无民法典，但已经出台很多单行法，这些单行法构成未来民法典的基础，单行法相关法条之间应该暗含着相互协调、相互统一的内在逻辑关系，因此，这并不妨碍将该条放在整个民法体系中进行逻辑解释。就本文所讨论的第76条而言，至少应将其与《民法通则》《民法总则》《侵权责任法》的相关条文相比照，以求得更为准确的逻辑解释。《民法总则》第176条规定：民事主体依照法律规定和当事人约定，履行民事义务，承担民事责任。《民法通则》第106条第3款规定：没有过错，但法律规定应当承担民事责任的，应当承担民事责任。《民法通则》第123条规定了高度危险作业的归责原则。《侵权责任法》第7条规定，行为人损害他人民事权益，不论行为人有无过错，法律规定应当承担侵权责任的，依照其规定。这三部法律的相关法条都是对无过错责任原则的宣示性条款。[②]《民法通则》第

---

① 这里引入了过错，其实质就是引入过错责任，过错推定责任其实是过错责任的一种变异形态，就是举证责任的分配给了侵权人，只要加害方举证证明受害方有过错就成立过错推定责任，只是举证责任方有所变化。

②《民法总则》第176条与《民法通则》第106条之间的规定还是存在差别的，《民法通则》的立法背景是当时社会急需一部适用的法律，对具体的制度也进行了规定，现在单行法均已单独制定，《民法总则》没有必要承担制定具体制度的责任，这是功能变化引起的。

106 条第 3 款和《侵权责任法》第 7 条中对无过错责任原则的含义性规定，相对应具体部门法中的归责条款而言，具有法律原则的意义，在具体审判中，作为裁判规则，仍需要结合具体部门法中的规定适用。这里有必要对《民法通则》第 123 条规定的高度危险作业的归责原则进行说明，《民法通则》第 123 条规定：“从事高空、高压、易燃、易爆、剧毒、放射性、高速运输工具等对周围环境有高度危险的作业造成他人损害的，应当承担民事责任；如果能够证明损害是由受害人故意造成的，不承担民事责任。”这是对危险责任原则的规定。《民法通则》是在 20 世纪 80 年代制定的，那时普通人出行仍以步行和自行车为主，所谓的高速运行应该做一种相对的理解。后来制定的《道路交通安全法》的理论基础是危险分担理论，因此，《道路交通安全法》第 76 条的立法基础应该包括《民法通则》第 123 条，但《民法通则》第 123 条仍然属于原则性条款，具体的适用归责仍然是《道路交通安全法》第 76 条。对于《道路交通安全法》第 76 条也可以从整个法条的逻辑关系中进行解释。《道路交通安全法》第 76 条一共两款，第 1 款规定了三个内容，首先是交强险制度，在超出交强险部分，又分出两项来规定，一是机动车之间发生的交通事故归责原则，二是机动车与非机动行人之间的归责原则，第 2 款则规定了免责事由。从整个 76 条的逻辑安排来看，该法条规定机动车与非机动行人之间的责任安排，反映了无过错责任原则的基本特征。交强险本质上是法律规定的责任保险制度，是在危险理论和风险控制理论基础上出台的配套制度安排，而危险理论和风险控制理论证实无过错责任存在的理论基础，这是其一。① 其二，该法条第 2 款规定了机动车驾驶人的免责事由，仅仅规定了受害人故意这一种形态，无过错责任原则相对于过错责任原则，免责事由极少，一般仅规定受害人故意和不可抗力。该法条仅仅规定了受害人故意这一种形态，这也是无过错责任的免责事由，就更加证明了机动车与非机动车及行人之间发生的机动车交通事故的责任形态为无过错责任。其三，在实务中争议较大的是该法条第 1 款第 2 项中，对有证据证明非机动车及行人有过错的，应适当减轻机动车一方的赔偿责任的规定，笔者认为，该条规定确实在适用中引起一定的混淆，但在适用无过错责任原则的基础上，也可以看成是适用过失相抵的原则的一种方式，这可以较好地化解目前法条规定的冲突，因为对侵权人来讲，无过错责任原则较为严厉，但无过错责任并非绝对责任和无限责任，在受害人存在过错的情形下，适当减轻机

① 相关理论分析见程啸《侵权责任法》，法律出版社 2015 年版，第 101～102 页。

动车一方在交强险之外的赔偿责任,有利于实现道路交通安全法的立法宗旨。[①]

四、对所引用案件裁判结果的回应

立法者已经对法律规范本身的正当性进行了实质论证,法官所要做的就是适用法律裁判案件。机动车与非机动车及行人之间发生的道路交通事故,就是非机动车及行人与机动车之间发生的道路交通事故,这是一个问题的两个表述角度。故讨论至此,就要回答一个问题,就是非机动车及行人与机动车之间发生的道路交通事故应该适用什么样的归责原则,答案不言自明。对一个事故的归责原则应该是一样的,就是一般适用无过错责任原则,适度适用过错推定原则。但对于机动车的车辆损失,非机动车及行人一方是否应当赔偿,似乎需要根据具体个案进行具体分析。在目前立法规定的前提下,没有一个标准的答案,但倾向性的意见是对机动车的车损不应支持。[②] 根据现行法律规定,即使支持也要考虑以下几个方面。首先是证据问题,如机动车一方举证非机动车及行人一方存有过错,在这个前提下,还要考虑几个因素。一是人的价值高于车辆的现代文明准则,二是非机动车及行人一方的过错程度大小,三是公平原则下的利益衡量,四是"优者危险负担"原则的运用,即使交警部门出具道路交通事故责任认定书认定非机动车及行人一方存有过错,也要考虑机动车一方车辆的增减速能力、车速大小、驾驶员能力和控制力大小、车辆重量、体积大小、谨慎驾驶的要求程度等因素、合理分配事故损害的后果。对于价值高的车辆,即使赔偿,如果分析这些因素,非机动车及行人一方只需象征性地赔偿就足够了。当然也有例外,就是除非存在非机动车及行人一方存有故意行为,这就是《道路交通安全法》第76条第2款规定的内容了。

---

① 有关讨论极多,不再赘述。相关论述参见《侵权责任法立法背景与观点全集》,法律出版社2010年版,第703～723页。程啸《侵权责任法》,法律出版社2015年版,第519～520页。

② 在2015年程新文庭长的《关于当前民事审判工作中的若干具体问题》中,关于机动车交通事故责任纠纷案件的审理中明确需要注意三个方面:……三是要贯彻道路交通安全法的价值判断。在机动车与行人、非机动车的交通事故责任纠纷中,应根据该法第76条规定,通过减轻机动车一方的责任实现对行人、非机动车一方的过错评价。同时注意,不应支持机动车一方请求行人、非机动车一方赔偿的诉讼主张。这里基本倾向于不支持机动车一方请求行人、非机动车一方赔偿的诉讼主张,但似乎也没有进行合理性论证,只是主张。本文作者认为,在缺少证据的情况下,对这个文件精神应予谨慎地贯彻,但法官还是要在现行法律规定内适用法律,对具体案件要结合证据情况进行具体分析,作出符合现行法律规定的判决结果。

笔者认为，讨论至此，这个问题又回到原点，就是回到《道路交通安全法》第76条上。问题就出在该条本身存在责任适用并存，现行法的法律规则本身存在紧张关系，造成赔偿与不赔偿均无法根据裁判结果作出是否是错案的结论。因此，对交通事故中非机动车和行人是否应赔偿机动车一方的损失这个问题，笔者建议在法律修定时，应该彻底贯彻无过错责任原则，或者对非机动车及行人一方的过错进行必要的限制，只有在非机动车及行人一方存有重大过失时才可以适当考虑机动车一方的损失，也要结合事故发生时的具体状态合理平衡当事人的利益，惟其如此，方能更好地保护人民群众的生命财产安全。

浅析“保险价值”在企财险理赔中的应用

权利飞*

摘要：在保险承保操作中，通常对被保险人的固定资产采用账面原值或自行估价的方式确认保险金额，对存货采用账面余额或列明细估价确定保险金额。对于保险价值的确认方式，各保险人操作各异，虽然《保险法》第55条对于保险价值的确认方式有明确规定，即有约定按其约定，没有约定按实际价值。但保险价值作为保险赔款的法定最高限额，在理算中发挥着举足轻重的作用。因与被保险人出险后的心理预期产生差距、保险人和公估人等理赔或公估的思维定式产生错位等原因，多方在保险价值中对“以约定的保险价值为赔偿计算标准”的理解差异较大，时不时与重置价值条款混淆。因保险价值理解不同而造成理算巨大差异导致的诉讼时有发生。

关键词：保险价值　保险金额　重置价值　重置价值条款　实际价值

近年来，随着人们风险防范意识的不断提高，各类企业对其财产投保企业财产保险，已经成为一种普遍的现象。企业投保后一旦发生保险事故，保险人与被保险人之间围绕损失赔偿数额及其计算方法问题发生的争议屡见不鲜。其中最为多见的争议在于对“保险价值”的不同解读。

* 作者简介：权利飞，齐鲁儒商控股集团总经理，山东鲁伟保险公估股份有限公司董事长，中国管理科学研究院特约研究员，审计师，资产评估师，中国保险公估师。

一、两起企财险理赔争议的案情梗概

(一)案例一:隆达纺织“2013.12.20”火灾案

表 1　隆达纺织投保明细

<table>
<tr><td>保险单号</td><td colspan="4">6010220133707010000004</td></tr>
<tr><td>保险人</td><td colspan="4">*</td></tr>
<tr><td>投保人</td><td colspan="4">*</td></tr>
<tr><td>被保险人</td><td colspan="4">*</td></tr>
<tr><td>保险标的地址</td><td colspan="4">昌邑市石埠镇田家村东、西厂区,详见投保明细表</td></tr>
<tr><td>保险类型</td><td colspan="4">财产综合险</td></tr>
<tr><td rowspan="8">保险标的及保险金额</td><td>序号</td><td>标的类别</td><td>保险金额(元)</td><td>保险价值</td></tr>
<tr><td>1</td><td>房屋建筑(详见投保明细)</td><td>3660000</td><td></td></tr>
<tr><td>2</td><td>机器设备(详见投保明细)</td><td>2800000</td><td></td></tr>
<tr><td>3</td><td>原材料</td><td>1610000</td><td></td></tr>
<tr><td>4</td><td>在产品</td><td>200000</td><td></td></tr>
<tr><td>5</td><td>产成品(棉纱)</td><td>570000</td><td></td></tr>
<tr><td>6</td><td>工具</td><td>135000</td><td></td></tr>
<tr><td>7</td><td>合计</td><td>8975000</td><td></td></tr>
<tr><td>保险期限</td><td colspan="4">自 2013 年 3 月 23 日 0 时起,至 2014 年 3 月 22 日 24 时止</td></tr>
<tr><td>免赔额</td><td colspan="4">每次火灾事故的绝对免赔额(率)为 2000 元或赔偿金额的 20%,两者以高者为准</td></tr>
<tr><td>特别约定</td><td colspan="4">略</td></tr>
</table>

根据保单约定,被保险人为昌邑市石埠镇田家村东区和西区项下房屋建筑物、机器设备、工具和存货(原材料、半成品、成品)投保,投保金额共计 8975000.00 元(东区 5105000.00 元+西厂区 3870000.00 元)(表 1),其中涉案地址为西厂区,投保明细如表 2 所示。

表2　隆达纺织西厂区投保明细

序号	资产类别	资产名称	所在地点	数量	保险金额（万元）	投保方式
1	房屋		石埠田家村西厂	2000平方米	200.00	估价
2	设备	气流纺织	石埠田家村西厂	1台	12.00	估价
3	设备	气流纺织	石埠田家村西厂	5台	30.00	估价
4	设备	并条机	石埠田家村西厂	2台/节	8.00	估价
5	设备	梳棉机	石埠田家村西厂	6台	18.00	估价
6	设备	清花机	石埠田家村西厂	1套	12.00	估价
7	设备	剁线机	石埠田家村西厂	1台	1.50	估价
8	设备	开花机	石埠田家村西厂	1套	10.00	估价
9	设备	打包机	石埠田家村西厂	1台	1.00	估价
10	设备	加湿设备	石埠田家村西厂	1套	2.00	估价
11	设备	配电设备	石埠田家村西厂	1套	12.00	估价
12	工具	大棉桶	石埠田家村西厂	30个	0.40	估价
13	工具	中棉桶	石埠田家村西厂	20个	0.30	估价
14	工具	小棉桶	石埠田家村西厂	1700个	6.80	估价
15	原料	线头棉	石埠田家村西厂	50吨	30.00	估价
16	原料	化纤	石埠田家村西厂	5吨	5.00	估价
17	半成品	在产品	石埠田家村西厂	5吨	5.00	估价
18	成品	棉纱	石埠田家村西厂	30吨	33.00	估价
	合计				387.00	

2013年12月20日22时45分，被保险人隆达纺织发生火灾，被保险人向保险人××索赔1995000.00元，明细如表3所示。

表3　隆达纺织索赔明细

序号	索赔项目	单位	数量	索赔金额(元)
1	厂房	m^2	1200	1000000.00
2	气流纺纱机	台	6	420000.00
3	并条机	台	2	80000.00
4	梳棉机	台	6	180000.00

（续表）

序号	索赔项目	单位	数量	索赔金额（元）
5	清花机	台	1	120000.00
6	棉条筒子	个	1750	75000.00
7	加湿器	套	1	20000.00
8	存货	—	—	100000.00
	合计			1995000.00

2013 年 12 月 21 日，保险人委托某公估公司民×公估对被保险人受损财产进行保险公估，民×公估通过勘验、估损，确定初步理算金额为 60 万元。以此为基数，双方多次协商无果，被保险人向昌邑市人民法院提起诉讼。法院通过摇号委托青岛荣×公估进行保险公估，最终理算金额 140 万元，保险人向法院提起诉讼，诉青岛荣×公估评估程序违法，法院依照程序按照第二顺位于 2014 年 1 月委托鲁×公估进行估损，最终法院以鲁×公估出具的估损金额 1280847.39 元（理算金额约 900000.00 元）为基础，附加公估费、利息等费用，顺利结案。

（二）案例二：亿利达纺织“2017.5.25”火灾案

表 4　亿利达纺织投保明细

<table>
<tr><td>保险单号</td><td colspan="4">20105110104201600005</td></tr>
<tr><td>保险人</td><td colspan="4">*</td></tr>
<tr><td>被保险人</td><td colspan="4">*</td></tr>
<tr><td>保险标的地址</td><td colspan="4">潍坊市昌邑市石埠镇 309 国道南，引黄济青河西</td></tr>
<tr><td>保险类型</td><td colspan="4">财产综合险</td></tr>
<tr><td rowspan="5">保险标的及保险金额</td><td>序号</td><td>标的类别</td><td>保险金额（元）</td><td>保险价值</td></tr>
<tr><td>1</td><td>厂房</td><td>4100000.00</td><td>出险时的重置价值</td></tr>
<tr><td>2</td><td>机器设备、工具</td><td>5695000.00</td><td>出险时的重置价值</td></tr>
<tr><td>3</td><td>存货</td><td>11135000.00</td><td>出险时的账面余额</td></tr>
<tr><td>4</td><td>合计</td><td>15801484.04</td><td></td></tr>
<tr><td>保险期限</td><td colspan="4">自 2016 年 05 月 28 日 0 时起，至 2017 年 05 月 27 日 24 时止</td></tr>
<tr><td>免赔额</td><td colspan="4">每次事故免赔额为 2000 元或损失金额的 20%，二者以高为准</td></tr>
<tr><td>特别约定</td><td colspan="4">略</td></tr>
</table>

根据保单约定，被投保人投保明细如表4所示。

2017年5月25日凌晨被保险人昌邑市亿利达纺织有限公司发生火灾，被保险人向保险人泰山财产保险股份有限公司索赔3676059.67元，明细如表5所示。

表5 亿利达纺织索赔明细

序号	项目名称	单位	数量	报损金额(元)
1	房屋	m^2	676.3	339059.67
2	纺纱机	台	3	3060000.00
3	空调、雾化加湿器、照明设施	宗	1	130000.00
4	棉条桶	个	720	72000.00
5	在产品——棉条	吨	5	75000.00
	合计:			3676059.67

2017年5月25日保险当事人双方委托鲁×公估进行保险公估，通过2天的现场勘验及事后复勘，依据公安部强制性行业标准《火灾损失统计方法》(GA185—2014)中的折旧年限，鲁×公估出具理算金额为323247.85元(采用行业通用年限，理算金额为430694.43元)，在维护双方共同合法利益的前提下，鲁×公估于2017年6月16日与保险人一同与被保险人沟通，保户回复需要考虑，如何计算需要了解一下，后续再次面谈及电话跟踪多次，均无回复。

考虑部分设备超过《火灾损失统计方法》(GA185—2014)中规定的折旧年限，本着尽快让被保险人恢复生产、维护被保险人合法利益的原则，保险人可以与被保险人协商并做出让步。等待期间，被保险人聘请深圳市双×公估理算金额为2719000.00元，因深圳市双×公估出具的理算金额直接采用重置价值扣除残值，而没有考虑设备的实际损失价值，致使保险当事人对理算金额的认识差异巨大，被保险人采用向保监局投诉、多次到保险人办公处协商等方式无果后，向×人民法院提起诉讼。目前，该案正在审理中。

二、对两起"保险价值"争议案的案情分析

(一)对案例一的分析

本案投保人和保险人未约定保险标的的保险价值，依据《中华人民共和国保险法》(以下简称《保险法》)第55条"投保人和保险人约定保险标的的保险价值并在合同中载明的，保险标的发生损失时，以约定的保险价值为赔偿计算标准。

投保人和保险人未约定保险标的的保险价值的，保险标的发生损失时，以保险事故发生时保险标的的实际价值为赔偿计算标准。保险金额不得超过保险价值。超过保险价值的，超过部分无效，保险人应当退还相应的保险费。保险金额低于保险价值的，除合同另有约定外，保险人按照保险金额与保险价值的比例承担赔偿保险金的责任"，保险价值为保险事故发生时保险标的的实际价值。

一般来说，投保人和保险人未约定保险标的的保险价值的，采用保险事故发生时保险标的的实际价值作为保险价值没有任何异议，但近几年现行保险合同中未约定保险价值的仅仅是个别行为。例如案例一中，民×公估出具公估报告时，因案件较小，沿用惯性思维，理所当然地认为固定资产的保险价值为保险事故发生时保险标的的重置价值，致使理算时计算的投保比例被人为降低，导致理算金额随之降低；青岛荣×公估以水险见长，对企财险公估程序缺乏全面理解，片面套用海损货物定值保险的处理方式，致使计算损失时未直接采用保险金额未考虑折旧等因素，又大大提高了理算金额。

为了直观比较采用不同保险价值计算理算金额的差距，以投保金额为120000.00元的FA601型气流纺纱机（配220锭）为例，分别按照三家公估机构的理算方式计算。其中该设备受损图片如图1所示。

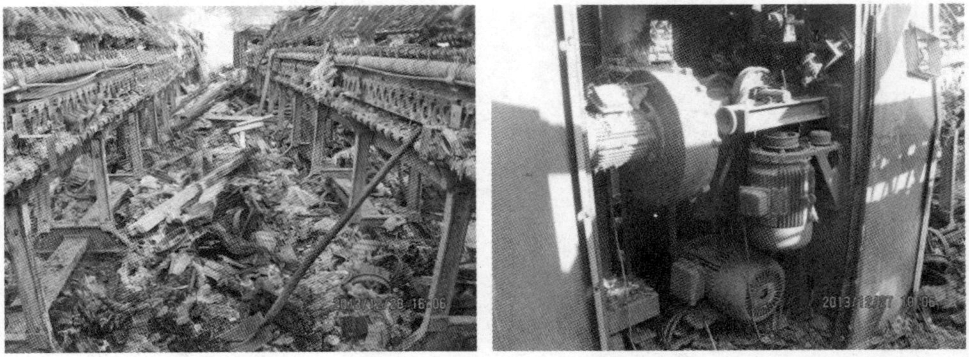

图1　气流纺织机受损状况

该设备出厂日期为2009年2月28日，被保险人于2010年6月以12万元/台的价格购置，该设备受损严重，无任何修复价值，经市场询价购置FA601型纺纱机单机18万元/台（不含税），卖方承担运费和安装调。

依据公安部强制性行业标准《火灾损失统计方法》（GA185—2014），该设备的折旧年限为10年。保险当事人双方聘请的民×公估采用12年的折旧年限，双方均无异议。鲁×公估通过折旧期为10年的成新率计算后数值与该同型号、同年限二手设备市场价接近,为此,鲁×公估对折旧期限采用了10年的标准。为便于统一比较,设备残值统一采用3450元(2.3吨×1500元/吨)的标准,三种不同方式计算的损失金额如表6所示。

表6　三家公估公司的计算方式

项目名称	保险金额(元)	公司名称	重置价值(元)	成新率	实际价值(元)	残值(元)	损失金额(元)
气流纺机	120000	民×公估	180000	68.06%	122500	3450	119050
	120000	荣×公估	120000	100%	120000	3450	116550
	120000	鲁×公估	180000	61.67%	111000	3450	107550

依据《保险法》第55条"保险金额不得超过保险价值。超过保险价值的,超过部分无效,保险人应当退还相应的保险费。保险金额低于保险价值的,除合同另有约定外,保险人按照保险金额与保险价值的比例承担赔偿保险金的责任"的规定,三种不同方式理算结果计算如下。

(1)保险金额低于保险价值的理算金额=损失金额×(保险金额/保险价值)×(1－免赔率)。因保险合同约定每次事故免赔额为2000元或损失金额的20%,二者以高者为准,公估时尊重了当事人的这一约定。

因此民×公估的理算金额=119050×(120000/180000)×(1－20%)=63493.33(元)

(2)荣×公估保险价值直接按照定值保险①处理方式,直接以保险金额(2010年二手设备购置原值,即投保金额)作为保险价值,投保比例为100%。

因此荣×公估的理算金额=116550×(1－20%)=93240(元)。

(3)保险金额超过保险价值的理算金额=损失金额×(1－免赔率)(考虑每次事故免赔额为2000元或损失金额的20%,二者以高者为准)。

因此鲁×公估的理算金额=107550×(1－20%)=86040(元)

综上所述,不同保险价值的处理方式,理算金额差异较大。三家公估公司中,鲁×公估的估损金额为107550.00元。虽然最低,但依据《保险法》第55条理

① 定值保险合同,是指合同双方当事人在订立合同时即已确定保险标的的价值,并将其载之于合同当中的保险合同。不定值保险合同是指双方当事人在订立合同时不预先确定保险标的的保险价值,仅载明至保险事故发生后,再行估计其价值而确定其损失的保险合同。

算后，鲁×公估的理算金额比民×公估的理算金额高出35.51%。而发生理算错误的荣×公估的理算金额比民×公估的理算金额高出46.85%，若使用期限长的设备甚至可能存在几十倍以上的差异。故此，笔者认为未约定保险价值的，应严格按照《保险法》第55条“投保人和保险人约定保险标的的保险价值并在合同中载明的，保险标的发生损失时，以约定的保险价值为赔偿计算标准”进行公估，否则面对理算金额的巨大差异，难以避免诉讼，最终法院按照鲁×出具的公估报告对该案作出了裁判。

（二）对案例二的分析

对于房屋和存货损失的理算金额，深圳市双×公估和鲁×公估基本接近，但纺纱机的损失理算金额，双方计算结果存在巨大的差异。受损纺纱机如图2～图5所示。

图2　1号纺纱机

图3　2号纺纱机

图4　3号纺纱机

图5　4号纺纱机

深圳市双×公估认为，依据《保险法》第55条，保险金额等于保险价值，保险价值等于保险合同约定的出险时的重置价值，即被保险人购置设备时的发票价格102万/台，保险人3台纺纱机的理算金额应为306×(1－20%)＝244.8(万元)。

鲁×公估认为应按照保险合同和条款的约定计算重置价值①，经市场询价，1号纺纱机的重置价格为725641.03元，2号～4号纺纱机的重置价格为738461.54元。投保时纺纱机为3台，出险时为4台，且没有投保后购置，因此计算投保比例时，应按4台计算保险价值。其中1号纺纱机的维修价格为291500.00元、2号纺纱机的维修价格为334500.00元、3号纺纱机的维修价格为374500.00元、

① 重置价值，指替换、重建受损保险标的，以使其达到全新状态而发生的费用，但不包括被保险人进行的任何变更、性能增加或改进所产生的额外费用。[人保财险(2009版)、大地财险(大地(备案)[2009]N 125号)、泰山财险(2011版)]。

4 号纺纱机的维修价格为 334500.00 元，远超公安部强制性行业标准《火灾损失统计方法》(GA185—2014)中的折旧年限为 10 年计算的报废直接损失 367948.72 元(也超过按照行业通性标准 12 年折旧期限计算的报废直接损失)。

综上所述，笔者认为深圳市双×公估的理算金额存在以下几个问题：

(1)保险合同约定的保险价值为出险时的重置价值，而深圳市双×公估错误理解为设备购置时的购置价(设备原值)，计算基础错误。

(2)深圳市双×公估仅根据保单对受损的 3 台纺纱机进行理算，而忽略现场受损 4 台纺纱机，保险价值计算基数错误。

(3)深圳市双×公估错误理解《保险法》第 55 条，混淆了重置价值与重置价值条款[①]的巨大区别。保险单上约定的保险价值是“出险时的重置价值”时，此重置价值仅为保险事故发生后的理赔计算标准，是计算投保比例和保险最高赔付的法定依据；而重置价值条款则是在保险合同成立生效以及保险事故发生条件下，保险人按受损财产在当时当地的重置价值计算进行理赔的合同约定，即出险后全损的保险标的保险人采用以旧换新方式，在不扣除折旧的情况下，按重新购置的价格进行赔偿的约定，当然另需考虑投保比例和免赔额等。因此，重置价值与重置价值条款存在天壤之别。

为进一步阐述重置价值与重置价值条款的区别，鲁×公估通过该案作为保险合同附件的部分保险条款加以剖析。

(1)合同条款第 12 条“保险金额由投保人参照保险价值自行确定，并在保险合同中载明。保险金额不得超过保险价值。超过保险价值的，超过部分无效，保险人应当退还相应的保险费”，该条款证实保险金额是投保人参照保险价值制定，而非实际价值，明确界定了保险金额界定的依据与来源。

(2)合同条款第 31 条“保险标的发生保险责任范围内的损失，保险人按以下方式计算赔偿：①保险金额等于或高于保险价值时，按实际损失计算赔偿，最高不超过保险价值；②保险金额低于保险价值时，按保险金额与保险价值的比例乘以实际损失计算赔偿，最高不超过保险金额；③若本保险合同所列标的不止一项时，应分项按照本条约定处理”，本条款明确约定无论保险金额是否等于或高于保险价值以及低于保险价值，均采用实际价值，绝非深圳市双×公估片面理解的

---

① 重置价值条款规定“如发生保险责任范围内的损失，其赔偿金额按受损保险财产在当时当地的重置价值计算”。这里的重置价值是指重新置换同一构造、厂牌或相类似型号、规格、性能的新的保险财产的价格。

重置价值。

(3)合同条款第 29 条“保险标的发生保险责任范围内的损失,保险人有权选择下列方式赔偿:①货币赔偿:保险人以支付保险金的方式赔偿;②实物赔偿:保险人以实物替换受损标的,该实物应具有保险标的出险前同等的类型、结构、状态和性能;③实际修复:保险人自行或委托他人修理修复受损标的。对保险标的在修复或替换过程中,被保险人进行的任何变更、性能增加或改进所产生的额外费用,保险人不负责赔偿”中,第 2 款进行实物赔偿这项与实际价值形成完整证据链条,更加证实理算赔偿是实际价值为依托,即以重置价值为为赔偿计算标准扣除折旧的实物价值(不考虑残值)或与之相对应的另一种实物价值方式实物赔偿。

三、企财险理赔中“保险价值”的解读与运用

(一)深刻领悟《保险法》第 55 条之精髓①

(1)本条是关于保险金额与保险价值的关系的规定。

(2)投保人和保险人约定保险标的的保险价值并在合同中载明的,保险标的发生损失时,以约定的保险价值为赔偿计算标准。这句话应从两方面来理解,一是保险领域中的定值保险的赔付方式,应按照合同约定确定固定的保险价值,视为足额保险,定值保险是损失补偿原则的一个例外,主要发生在货物运输保险领域、保险标的价值难以确定的保险合同等;二是保险领域中的不定值保险的赔付方式,如固定资产保险价值采用出现后的出险时的重置价值、存货采用出险时的账面余额等。

(3)投保人和保险人未约定保险标的的保险价值的,保险标的发生损失时,以保险事故发生时保险标的的实际价值为赔偿计算标准。这从法律层面解决了没有约定保险价值的,以保险事故发生时保险标的的实际价值为赔偿计算标准。

(4)保险金额不得超过保险价值。超过保险价值的,超过部分无效,保险人应当退还相应的保险费。保险金额和保险价值都是限制保险人保险赔偿范围的因素之一,前者属约定的最高限额,后者属法定的最高限额,彼此性质不同,确定

① 《保险法》第 55 条规定,投保人和保险人约定保险标的的保险价值并在合同中载明的,保险标的发生损失时,以约定的保险价值为赔偿计算标准。投保人和保险人未约定保险标的的保险价值的,保险标的发生损失时,以保险事故发生时保险标的的实际价值为赔偿计算标准。保险金额不得超过保险价值。超过保险价值的,超过部分无效,保险人应当退还相应的保险费。保险金额低于保险价值的,除合同另有约定外,保险人按照保险金额与保险价值的比例承担赔偿保险金的责任。

方式也不同。

(5)保险金额低于保险价值的,除合同另有约定外,保险人按照保险金额与保险价值的比例承担赔偿保险金的责任。从法律层面规定了保险金额低于保险价值的,保险人按照保险金额与保险价值的比例承担赔偿保险金的责任。

(二)熟练掌握企业财产保险中保险价值的实质和作用

保险价值观念的起源和保险制度的本质有着密不可分的关系,在计算企业财产损害范围时,须先计算保险利益即保险标的的价值。但被保险人通过保险获得的补偿不得超过其遭受的损害,否则即属违反保险法上禁止不当得利的原则,从而使本具分散危险补偿性质的保险陷于具有赌博性质的行为。这也是重复保险,超额保险或保险人当然代位权规定的理由。保险价值的作用,一是作为法定赔偿的最高限额,二是当出现不足额保险中,保险人可以按照保险金额与保险价值的比例承担赔偿保险金的责任。

(三)合理区分重置价值和重置价值条款

绝大部分企业财产险保单约定固定资产的保险价值是出现时的重置价值,此重置价值仅为赔偿计算标准,而重置价值条款是赔偿金额按受损保险财产在当时当地的重置价值计算,是补偿原则的一个例外,即采用以旧换新方式不扣除折旧进行赔偿,两者存在天壤之别。重置价值条款确定的定损依据是标的重新购买的价格而不是实际价值,从本质上讲,这是补偿原则的一个例外,可能造成被保险人不当得利,容易引发道德风险,保险人在承保中一定要分清对象、谨慎使用。

企业财产险中固定资产的保险价值约定为出险标的的重置价值比较常见,而保险法没有对其规定,约定条款释义中重置价值是指替换、重建受损保险标的,以使其达到全新状态而发生的费用,但不包括被保险人进行的任何变更、性能增加或改进所产生的额外费用。即采用的复原重置成本,若采用更新重置成本替代将要考虑功能性贬值和经济性贬值。附加险条款中约定重置价值条款的,赔偿金额应按受损保险财产的重置价值计算,其中对重置价值也有如下约定,其一重建或替换受损财产,这与条款基本一致,但赔偿金额应按重置价值计算,这是补偿原则的一个例外。其二对于修理或修复受损财产,无论采用上述哪一种方式,目的是使受损财产基本恢复至原状,即经过修理或修复后的财产状态既不好于也不差于受损前的标准。这与重置价值有着本质的区别,由此可见,重置价值和重置价值条款既有联系,又有区别,不能把两者混淆。

(四)熟练掌握企财险条款[①],提高对保险法第55条的理解

各家保险公司涉及该内容的保险条款大同小异,通常有以下几条。

(1)保险标的的保险价值可以为出险时的重置价值、出险时的账面余额、出险时的市场价值或其他价值,由投保人与保险人协商确定,并在本保险合同中载明。

(2)保险金额由投保人参照保险价值自行确定,并在保险合同中载明。保险金额不得超过保险价值。超过保险价值的,超过部分无效,保险人应当退还相应的保险费

(3)保险标的发生保险责任范围内的损失,保险人有权选择下列方式赔偿:①货币赔偿:保险人以支付保险金的方式赔偿;②实物赔偿:保险人以实物替换受损标的,该实物应具有保险标的出险前同等的类型、结构、状态和性能;③实际修复:保险人自行或委托他人修理修复受损标的。

对保险标的在修复或替换过程中,被保险人进行的任何变更、性能增加或改进所产生的额外费用,保险人不负责赔偿。

(4)保险标的发生保险责任范围内的损失,保险人按以下方式计算赔偿:①保险金额等于或高于保险价值时,按实际损失计算赔偿,最高不超过保险价值;②保险金额低于保险价值时,按保险金额与保险价值的比例乘以实际损失计算赔偿,最高不超过保险金额;③若本保险合同所列标的不止一项时,应分项按照本条约定处理。

上述条款对《保险法》第55条进行了诠释,明确了保险价值的确认方式有多种,同时也规定了损失的计算方式。第(3)条直接阐明保险人可以有权按照实务赔偿,即"保险人以实物替换受损标的,该实物应具有保险标的出险前同等的类型、结构、状态和性能",这说明保险人可以按照出险标的现状赔付,也就是损失的实际价值,这更加明证了"以约定的保险价值为赔偿计算标准"中约定保险价值是重置价值就按重置价值直接赔付。

(五)精通重置价值和实际价值(实际损失)的计算方式

1. 无论采用公安部强制性行业标准《火灾损失统计方法》(GA185—2014)中的折旧年限或者行业通行标准或者双方约定方式计算报废设机器备的实际价值(实际损失)要与同类型同时期二手设备价格进行比对,依据资产评估法"第二十

① 财产综合险条款[人保财险(2009版)、大地财险(大地(备案)[2009]N 125号)、泰山财险(2011版)]。

六条 评估专业人员应当恰当选择评估方法，除依据评估执业准则只能选择一种评估方法的外，应当选择两种以上评估方法，经综合分析，形成评估结论，编制评估报告。评估机构应当对评估报告进行内部审核。”计算正确的结果，尤其采用年限成新率法和成本法法时，一定对折旧年限反复推敲，结合标的物现状价值进行合理选择。

2. 理清机器设备的重置价值

重置价值即重置成本的价值，一般可以采用的方法有直接法、功能价值法、物价指数法。重置成本分为复原重置成本和更新重置成本①两种。针对受损机器设备的不同情况，分清采用复原重置成本还是更新重置成本，采用更新重置成本的要综合考虑实体性贬值、功能性贬值和经济性贬值。

（六）合理区分重置价值和重置价值条款

综上所述，首先在理解以约定的保险价值为赔偿计算标准中保险价值的目的在于确立了法定的最高限额和比例赔付的依据；其次保险价值的确认方式具有多样性，再次通过剖析确认重置价值和重置价值条款两者有着本质的区别，最后通过条款赔款处理方式的理解，无论足额与否，均按实际损失计算赔偿，这对“以约定的保险价值为赔偿计算标准”进行了最直接的注释与验证。

① 复原重置成本指采用与评估对象相同的材料、建筑或制造标准、设计、规格及技术等，以现时价格水平重新购建与评估对象相同的全新资产所发生的费用。更新重置成本是指采用新型材料、现代建筑或制造标准、新型设计、规格和技术等，以现行价格水平购建与评估对象具有同等功能的全新资产所需的费用。

保险代位求偿权制度的理论与实践思考

阚红艳*

摘要：于 2018 年 9 月 1 日起实施的《最高人民法院关于适用〈中华人民共和国保险法〉若干问题的解释（四）》（以下简称《保险法司法解释（四）》），是我国保险法发展的又一个里程碑，其中有关代位求偿权制度的设计更加完善。司法实务中，该制度的适用存在诸如投保人与被保险人不为同一人时，投保人是否系"第三者"，保险人以谁的名义行使代位求偿权等诸多问题。从该制度的性质及原则进行理论基础分析，该权利系法定债权转让，其遵循的基本原则为损害补偿原则以及公平原则，该权利的行使必须满足保险人已经支付赔偿金、第三者责任、保险事故等要件，并且行使的对象、时效均存在限制。立法中应当进一步明确被保险人的"家庭成员""组成人员"的标准等问题，并探讨在人身意外险中医药费损失的代位求偿权制度的适用。

关键词：代位求偿权　法定债权转让　损害补偿原则

《中华人民共和国保险法》（以下简称《保险法》）第 60 条规定："因第三者对保险标的的损害而造成保险事故的，保险人自向被保险人赔偿保险金之日起，在赔偿金额范围内代位行使被保险人对第三者请求赔偿的权利。"这是我国关于保险代位求偿权制度的基础法条表述，本文亦基于该具体法律概念进行研究和论述。保险代位求偿权制度起源于英国。1906 年，英国的海上保险法将普通法中的代位权制度与保险理赔制度相结合，首先以成文法的方式做了规定。英美法系国家的保险代位求偿权制度在理论和实践的双重催化下已经较为成熟，而我国的该项制度起步较晚，1995 年颁布的《保险法》对该制度做了规定，经过几次修

* 作者简介：阚红艳，青岛市中级人民法院金融审判庭法官助理。

订及相应的司法解释，至2018年9月1日起施行的《最高人民法院关于适用〈中华人民共和国保险法〉若干问题的解释（四）》（以下简称《保险法司法解释（四）》），这一制度得到了极大的完善，对多年来困扰理论和实务界的一系列问题作出了明确规定。同时也不难看出，目前立法仍然存在概念模糊、制度适用限制等局限性，这些都有待在今后的立法中进一步完善。

一、保险代位求偿的司法实践困惑

拟制案例：A公司为货运公司，为B公司承运一批货物，该批货物价值为1000万元，A公司为该批货物在C保险公司投保，保险金额为800万元，被保险人为B公司。在运输货物的过程中，A公司没有按照合同约定的方式装载该批货物，被保险人B公司的员工甲也因疏忽大意没有现场提醒，货物运输至D市时发生货物倾倒事故，全部灭失，损失金额为1000万元。订立保险合同前，B公司向A公司出具声明，内容为在800万元金额范围内放弃向A公司追责，后A公司与C保险公司订立保险合同时，保险公司就该问题进行询问，A公司未如实告知保险公司该放弃声明。后C保险公司向B公司赔付800万元货损。B公司就剩余200万元的货损在D市法院起诉A公司，此案审期间，C保险公司依法向D市法院起诉A公司，行使代位求偿权。

此外，上述货物发生事故时，路人E因货物倾倒受伤，花费医药费共计20000元，其在F保险公司投保意外险，F保险公司依照保险合同内容向E赔付20000元医药费，赔付后，F保险公司起诉A、B两公司，就其支付的20000元医药费进行追偿。

上述案例虽然是为了详尽概括汇总保险人代位求偿现实案件而拟制的，但基本可以涵盖保险人代位求偿权制度的一系列实务问题。结合该拟制案例，本文将保险代位求偿的司法实践困惑概括为以下几点：①保险人行使代位求偿权的前提；②保险人以谁的名义行使代位求偿权；③投保人与被保险人不为同一人时，投保人是否系“第三者”；④第三者致损的事由是否仅局限为侵权；⑤第三者是否能够以被保险人放弃对第三者追偿为由，对抗保险人行使代位追偿权；⑥人身保险领域是否可以适用保险代位求偿权制度。

根据现有的法律规定，上述案例中，C保险公司有权以自己的名义向投保人A公司代位求偿；A公司虽系投保人，但因其违约导致被保险人货物全损，系造成损失的“第三者”，保险公司有权向其主张权利；本案造成货损的原因是A公司的违约行为,符合《保险法司法解释(四)》中的“侵权”“违约”的规定;B公司的员工甲对货损存在过失,但并非故意为之,C保险公司不能向其主张代位求偿;A公司可以就B公司的放弃声明为由对抗C保险公司,法院应予支持,同时,C保险公司有权要求B公司返还赔付的800万元;由于目前我国的保险代位求偿权制度仅局限于财产保险,故F保险公司无权向第三者主张代位求偿权。此外,法院可以依法将B公司诉A公司一案与C保险公司诉A公司一案合并审理。

二、保险代位求偿权的性质及实施原则

(一)保险代位求偿权的性质

关于保险代位求偿权的性质,英美法系国家一般采程序代位理论,而大陆法系国家则大都采法定债权转移理论。

关于程序代位理论,由于英国普通法特别注重法律关系的相对性,认为保险人向责任第三者主张请求权并无法律依据,被保险人因保险事故的发生遭受的利益损失可以通过两个途径予以弥补,一是向保险人主张保险金给付,二是向责任人主张损害赔偿,这就使得被保险人获得不当得利成为可能,不符合法律规定,应避免被保险人不当得利。为了达到这一目的,英美法系衡平法院主张保险人在其赔付数额范围内推定形成信托关系,保险人形式上可以取代被保险人地位向责任第三者主张请求权,但被保险人依然是此项权利的真正权利人,即使由保险人行使也必须以被保险人的名义向责任第三者主张。

关于法定债权转移理论,两大法系均认为保险代位求偿权旨在禁止被保险人因获得双重赔付而不当得利,大陆法系也在探寻一种平衡方案以解决利益分配,进而使保险代位求偿权制度下的三方利益得以协调。法定债权转移理论是指完成了保险赔付的保险人所取得该项权利是基于法律的强制规定而直接获得,与被保险人的意思无关。保险人所取得的代位求偿权不仅仅只是程序上的权利,其更是实体权利,保险人行使此项权利是以其本人的名义进行的,因为保险人是在行使属于自己的权利而不再是被保险人的权利。与程序代位理论相比,法定债权转移理论下保险人所行使的权利同样没有大于该权利的基础权利,责任第三者否定原权利形式的各种理由同样可以向保险人提出。

我国采法定债权转移理论。《保险法》第60条第1款涉及该项权利的性质,但该法条对于我国保险代位求偿权的性质界定模棱两可,程序代位理论和法定债权转移理论均有适用的余地。2013年我国颁布了《保险法司法解释(二)》,其

中第16条要求保险人应该以自己的名义行使该权利，这也印证了我国保险代位求偿权的性质为法定债权转移。

（二）实施保险代位求偿的基本原则

保险代位求偿权制度遵循的是保险法领域的两大基本原则，一是损失补偿原则，二是公平原则。

损失补偿原则系保险法基本原则中的首要原则，也是保险法诸原则的基础，由它派生而来委付制度、代位求偿制度、重复保险分摊制度都在保险法中发挥着重要作用。保险最主要的功能是经济补偿，补偿被保险人因为保险事故产生的经济损失，但该补偿必须恰当，不能超过被保险人的实际损失，所以损失补偿原则的主要作用是防止被保险人不当得利。投保人购买保险是为了将可能面临的风险转移给保险人，降低其遭受经济损失的可能性，初衷并非获利。但是在涉及第三者的保险责任事故中，依据保险法，涉及第三者的保险责任事故发生之后，被保险人可以从保险人处获得赔偿。依据民法侵权理论，由第三者的侵权或过失行为造成受害人经济上的损失，侵权人承担赔偿责任，也就是赋予了受害人两种权利，给被保险人获得超额利润创造了机会，在这种情况下，最合理的做法是被保险人从保险人处获得赔偿后，将其向第三者追偿的权利转让给保险人。这样既有效防止了受害人的不当得利，又让第三者的侵权行为受到惩罚，代位求偿权由此而生。

公平原则系整个民法中的基本原则之一。在民事法律关系中，公民在履行法律或合同规定的义务时如果伴随着对他人利益的损害，要承担由此带来的民事责任，根本来讲，这是为了维护公平原则。当发生保险事故时，被保险人为了节约时间、精力，往往会选择直接向保险人索赔，在被保险人获得保险赔偿后，如果继续向第三者行使索赔权利，就会违反损失补偿原则，获得不当得利；如果被保险人获得赔付后放弃对第三者追偿的权利，那么保险就成了第三者逃避责任的保护，这样违背了保险的初衷，还容易引发道德风险，亦不符合公平原则。从第三者的角度来看，保险人行使代位求偿权并没有对其所负债务造成影响，向被保险人还是保险人履行义务对第三者并无实质性区别，也避免了违背公平原则。

三、保险代位求偿权行使的要件及限制

（一）保险代位求偿权的行使要件

1. 保险人以自己的名义行使代位求偿权

结合分析该制度的性质以及原则,保险人作为行使代位求偿权的主体便成为固有之义。《保险法司法解释(二)》第16条规定:保险人应以自己的名义行使保险代位求偿权。该规定与我国对于保险代位求偿权的性质认定相一致,该项权利系法定债权转让,无需通知债务人。保险人以自己的名义向第三者主张权利,有效避免了被保险人双重获利,符合损失补偿原则,也防止了侵害权益一方无需为自己的侵害行为承担责任,符合公平原则。在拟制案例中,保险公司C应当以自己的名义向A公司提起代位求偿之诉。

2. 保险事故属于第三者责任

《保险法》第60条第1款规定:因第三者对保险标的的损害而造成保险事故的,保险人自向被保险人赔偿保险金之日起,在赔偿金额范围内代位行使被保险人对第三者请求赔偿的权利。首先,保险标的损失属于保险事故,该条件是行使保险代位求偿的必要条件,也是保险人进行赔付的必要前提。该保险事故的发生是由保险人以及被保险人之外的第三者引起的。如何界定此处的"第三者"曾经是实务中经常遇到的问题,比如在拟制案例中,A公司作为投保人,是保险合同的一方当事人,因其行为导致的保险事故以及货物损失,A公司是否为法律规定的"第三者"?直至《保险法司法解释(四)》实施,该问题才有了明确的答案,即保险人可以向投保人A公司进行代位求偿。该解释第8条规定:投保人和被保险人为不同主体,因投保人对保险标的的损害而造成保险事故,保险人依法主张代位行使被保险人对投保人请求赔偿的权利的,人民法院应予支持,但法律另有规定或者保险合同另有约定的除外。同时,该解释第7条明确了被保险人对第三者请求赔偿的权利是基于侵权或者违约等情形,即第三者的责任原因行为不仅局限于侵权行为,新的司法解释明确了违约等情形均在行使代位求偿权的范围内,该规定为实务中相关问题的法律适用提供了明确的法律依据。此外,上述法律和司法解释规定的内在之义还包含了被保险人对第三者的赔偿请求权是依法存在的,此为债权转让的前提。

3. 保险人对被保险人已经给付保险金

如前所述,代位求偿权是法定债权转让,该债权转让的起点为保险人向被保险人赔付之日。《保险法》第60条第1款规定:因第三者对保险标的的损害而造成保险事故的,保险人自向被保险人赔偿保险金之日起,在赔偿金额范围内代位行使被保险人对第三者请求赔偿的权利。该"给付"并不要求全额给付,根据《保险法》第60条的规定,代位求偿权的金额以保险人给付的赔偿金额为限,即法定的债权转让金额以实际给付的保险金金额为限。这种做法一方面会鼓励保险人积极赔付保险金，及时弥补被保险人的已有损失；另一方面，能够严格限制其行使代位求偿权的范围，使被保险人依然有权就未获赔付部分向责任第三者主张。在拟制案例中，B公司仍然在200万元的范围内享有向A公司索赔的权利。

（二）保险代位求偿权的行使限制

1. 对象限制

（1）保险代位求偿权适用范围的限制——不适用于人身保险。根据《保险法》的规定，保险代位求偿权只适用于财产保险而不能用于人身保险。大陆体系和英美法系中对这一观点都予以认可①，而且在实际处理案件中也得到应用。该问题也是保险代位求偿权制度中的热点问题之一。究其原因，主要是因为财产损害可以估价，人的健康及生命的价值是无价的，一个是具体的，可以衡量的，一个是抽象的，无法计算。

（2）保险代位求偿权追偿对象的限制。根据《保险法》第62条的规定，第三者不得具有特殊身份。保险人不能对被保险人的家庭成员、直系亲属行使损害赔偿权。但是也有例外，如果被保险人的家庭成员或其直系亲属存在故意行为，所造成被保险人权益受损的，保险人可以对其行使损害赔偿的权利。该规定的意图在于避免保险人赔付的保险金从一个口袋里进，从另一个口袋里出，这并没有对被保险人形成有效的损失弥补。但是《保险法》目前对“家庭成员”“组成人员”的界定模糊，在《保险法》最新的司法解释中也没有予以明确。

2. 时效限制

根据《保险法》的规定，保险人自向被保险人赔偿保险金之日起，在赔偿金额范围内代位行使被保险人对第三者请求赔偿的权利，但是并没有明确规定代位求偿权的时效。《保险法司法解释（二）》第16条第2款规定：根据《保险法》第60条第1款的规定，保险人代位求偿权的诉讼时效期间应自其取得代位求偿权之日起算。该司法解释将代位求偿权的诉讼时效明确为保险人取得代位求偿权之日起，也就是保险人赔付保险金之日即诉讼时效的起点。该规定保护了保险人的胜诉权，但也存在一定的弊端，可能会使保险人拖延向被保险人支付赔偿金，对被保险人不利。如果以保险人知道或者应当知道保险事故发生之日起作为诉讼时效起算点，会督促保险人尽快予以赔偿，从而使被保险人能够得到及时赔

---

① 详见窦莹《论保险法代位求偿行使中的若干法律问题》，《法治与社会》2017年第10期（中），第86页。

付,也督促保险人尽快行使代位求偿权。但同时也伴随着时效紧迫,保险人的代位求偿权的实现存在障碍,从而也可能会影响保险人赔付的积极性。

四、完善保险代位求偿权制度的立法思考

(一)明确被保险人放弃权利的各种情形

《保险法司法解释(四)》第9条[①]的规定明确了如果在保险合同订立之前,被保险人放弃了对第三者的赔偿请求权,法院认定该放弃合法有效时,保险人的代位求偿权法院将不予支持。当然,保险人无过错的情况下,可以请求被保险人返还相应保险金,人民法院应予支持。被保险人预先放弃对第三者的赔偿请求权,保险人已知其事实,或者保险合同没有约定保险代位求偿权的,保险人受被保险人放弃赔偿请求权的约束。[②] 另外,结合《保险法》第61条[③]的规定,保险事故发生后、保险人理赔前以及保险人理赔之后,被保险人放弃向第三者索赔的情形已有明确规定。但是目前司法解释并没有明确规定被保险人在保险合同订立之后、保险事故发生之前放弃对第三者的赔偿请求权的情况下,保险人的代位求偿权是否应当予以支持。保险合同订立之后,保险人与被保险人或者投保人具有保险关系,在保险事故发生之前并未涉及第三者关系。如果被保险人在保险合同订立之后、保险事故发生之前预先放弃对第三者的损害赔偿请求权,会直接损害保险人依法或者依据保险合同而取得保险代位求偿权利益,此时保险人可以不承担保险责任。[④] 该观点同《保险法》第61条的规定是一致的,应当在司法解释中对该内容进行弥补。惟其如此,在合同订立及履行的各环节关于被保险人

---

①《保险法司法解释(四)》第9条规定,在保险人以第三者为被告提起的代位求偿权之诉中,第三者以被保险人在保险合同订立前已放弃对其请求赔偿的权利为由进行抗辩,人民法院认定上述放弃行为合法有效,保险人就相应部分主张行使代位求偿权的,人民法院不予支持。保险合同订立时,保险人就是否存在上述放弃情形提出询问,投保人未如实告知,导致保险人不能代位行使请求赔偿的权利,保险人请求返还相应保险金的,人民法院应予支持,但保险人知道或者应当知道上述情形仍同意承保的除外。

② 施文森《保险法总论》,三民书局股份有限公司1985年版,第205页。

③《保险法》第61条规定,保险事故发生后,保险人未赔偿保险金之前,被保险人放弃对第三者请求赔偿的权利的,保险人不承担赔偿保险金的责任。保险人向被保险人赔偿保险金后,被保险人未经保险人同意放弃对第三者请求赔偿的权利的,该行为无效。被保险人故意或者因重大过失致使保险人不能行使代位请求赔偿的权利的,保险人可以扣减或者要求返还相应的保险金。

④ 胡尚永《免责条款与代位权是否相冲突》,《上海保险》1996年第10期,第35页。

放弃其损害赔偿请求权的规定才具有完整性。

(二)明确被保险人的“家庭成员”“组成人员”的标准

《保险法》第62条①对保险人行使代位求偿权的对象进行了限制,排除故意造成损害的情况,保险人不得对被保险人的家庭成员及组成人员代位求偿。关于被保险人的“家庭成员”如何确定,观点一认为,应包括夫妻、父母、子女、祖父母、外祖父母、孙子女、外孙子女、兄弟姐妹等;观点二认为,被保险人的家庭成员应当以与被保险人共同生活为限,包括配偶和共同生活的亲属等较近的血亲或姻亲等;观点三认为,被保险人的家庭成员不应以与被保险人共同生活为限,还应包括那些虽非与被保险人共同生活,但负有法定扶养义务的人②;观点四认为,与被保险人共同生活在一起,有一定的时间性和连续性,且相互进行扶养、扶助或赡养的成员。③

笔者认为,应当从设定该限制的目的出发进行限定。如上所述,该限制的意图在于避免保险人赔付的保险金从一个口袋里进,从另一个口袋里出,而并没有对被保险人形成有效的损失弥补。该“家庭成员”应当是与被保险人具有经济上的“一致利益”。该“一致利益”意味着该家庭成员的利益受到了损害,被保险人的利益也会受到损害。因此,该家庭成员并不排除非共同居住的亲属,因为这些亲属仍然与其具有经济上的“一致利益”,如非共同居住的子女,因而当以与被保险人具有经济上的一致利益为判断标准。被保险人的组成人员应指为被保险人的利益或者接受被保险人的委托或者与被保险人有某种特殊法律关系而进行活动的人,包括为被保险人履行职务行为的人,其履行职务的行为所造成的损害由被保险人承担责任,所以被保险人不能向其求偿。笔者认为,判断被保险人的组成人员仍然应以该组成人员与被保险人是否具有经济上的一致利益。被保险人的组成人员,一般包括被保险人的雇佣人员、合伙人等。在上述人员非故意造成损害结果的情况下,保险人对其不能行使代位求偿权。在拟制案例中,被保险人B公司的员工甲对货损存在过失,但甲系B公司的雇佣员工,且其对货损并不存在故意行为,故C保险公司依法不能向其代位求偿。

---

①《保险法》第62条规定,除被保险人的家庭成员或者其组成人员故意造成本法第60条第1款规定的保险事故外,保险人不得对被保险人的家庭成员或者其组成人员行使代位请求赔偿的权利。

② 詹昊、陈百灵、冯修华《保险法原理精解与典型案例评析》,中国法制出版社2007年版,第477页。

③ 王林清《保险代位求偿权法律适用问题探讨》,《法律适用》2010年第5期,第28页。

(三)明确优先赔付被保险人

当保险人并没有完全赔付被保险人的损失金额的情况下,被保险人依法有权就剩余部分向责任第三者主张权利,同时,保险人在其赔付金额范围内也可以依法向责任第三者代位求偿,在同时提起两个诉讼的情况下,法院可以依法合并审理,但是目前《保险法》及其司法解释并未明确如何支持保险人和被保险人的诉讼请求。实务中,责任第三者的赔偿能力往往是有限的。笔者认为,应当明确规定在上述情况下,责任第三者应当优先赔付被保险人。这样进行制度设计,有利于及时弥补被保险人的损失,同时与保险法的损失补偿原则也相一致。保险人虽然系商事主体,但其集众人之力应对突发风险,也具有一定的社会公益性质,且保险的重要目的之一系风险的防范和应对,因此,在上述情况下,法律更倾向于保护被保险人与保险制度的设立并不相悖。

(四)探索人身保险中代位求偿制度的适用

依据我国现有的法律,保险代位求偿权制度并不适用于人身保险领域,主要理论依据是人身损害的不可估价性。但是,随着理论和实务的逐渐细化,应当探索保险代位求偿权制度适用于人身伤害的局部领域。笔者认为,意外伤害保险系人身保险中第三者责任的代表,保险代位求偿权可以适用于意外伤害保险的医疗费用给付的情形,因为医疗费用的损害数额可以确定,若此时允许被保险人享有双重权利,则可能会发生被保险人获得超额利益的情形。应当明确在意外伤害人身保险的医药费给付中,允许保险人向责任第三者代位求偿,这避免了该项制度对人身保险领域规定的概念化和绝对化,也会引起保险行业对人身意外保险险种及保费核算的改革,激发保险人理赔的积极性,形成良性循环。

综上所述,随着《保险法司法解释(四)》的实施,保险代位求偿权制度已经获得了里程碑式的发展。随着我国保险行业的逐步发展和规范,我国的保险制度体系也会日臻完善。

论代位求偿制度在人身保险中的适用

贾晓燕　王晓霞*

摘要：代位求偿制度是保险法中的一项重要的制度，是损失填补原则在保险法中的反映。基于其重要作用，现代各国都对该制度进行了相应的规定。反观我国《保险法》，仅在第60条规定其在财产保险中予以适用，而在第46条则完全排除了其在人身保险中的适用。学界对代位求偿制度在财产保险中的适用没有异议，但对具有损失补偿性质的人身保险能否适用则有不同意见，而且司法实务中对损失补偿性质的人身保险能否适用也存在同案不同判的现象。分析人身保险的不同种类性质，讨论具有损失补偿性质并涉及三方面当事人关系的人身保险种类可以适用代位求偿制度的可能性以及可操作性，对我国保险立法的完善以及保险实务、纠纷的解决都将具有非常重要的意义。

关键词：代位求偿制度　人身保险　共益性

一、代位求偿制度在人身保险中的适用现状分析

在保险法中，代位求偿制度具有防止不当得利，避免道德风险，维护社会秩序，避免第三人脱责以及促进保险业的发展的社会功能。基于其社会价值，各国保险法都对这一制度进行了规定。我国现行保险法只在财产保险合同中设置了代位求偿制度，而在人身保险合同中则是排除了代位求偿制度的适用。然而实践中，伴随着保险业的不断发展，人身保险中无代位求偿制度适用的做法越来越受到质疑，司法实务中同案不同判的现象频出。

案例一：2005年1月，原告冯跃顺与被告光大永明订立永宁康顺综合个人意

* 作者简介：贾晓燕，山东理工大学法学院副教授，主要研究方向：保险法、经济法。王晓霞，中南财经政法大学研究生，主要研究方向为保险法、经济法。

外伤害保险合同。6月,原告因交通事故受伤治疗,共花费7200元。原告请求被告理赔,被告以肇事司机已赔偿为由拒绝。原告认为,合同并未载明"第三人赔偿后,保险人免责",故被告应进行理赔,请求法院判令被告赔偿医疗费5000元。被告辩称,原告已获赔偿,因交通事故所受损失已被填补,若再次理赔,则违背损失补偿原则,请求驳回原告诉讼请求。天津市和平区人民法院认为双方订立的保险合同属于人身保险,不适用损失补偿原则,原告虽已获赔,但可再向被告主张理赔,被告应依合同赔偿。①

案例二:2008年,原告罗利芳与被告中国人寿衡阳分公司签订麒麟卡保险合同,约定"公司在保险金额范围内,按实际支出的80%给付保险金"。2009年,原告因交通事故受伤,治疗费用由肇事车主赔偿。原告要求被告依合同给付医疗保险金5000元和伤残保险金3000元,但被告以肇事车主已赔付为由拒绝。原告诉至法院。一审法院认为"意外伤害保险属于人身保险,适用给付原则,保险人不得以已获赔偿为由拒绝",判决支付原告8000元。被告不服,提起上诉。二审法院认为"被上诉人向上诉人购买的意外伤害保险属于中间性保险……约定的意外伤害保险金具有补偿性质,只有在损失实际发生时,才能向上诉人索赔。而被上诉人已从加害人处得到全额赔偿,故不存在损失,所以要求上诉人支付保险金无依据,应予驳回",二审法院判决赔偿罗利芳伤残保险金3000元。②

以上两起案件非常相似,都是涉及被保险人已从第三方获取赔偿后,保险人是否仍需赔付的问题,而法院的判决结果却完全相反。基于此,有必要对我国保险法人身保险不适用代位求偿的规定进行相应研究和分析,进而阐明现行立法存在的问题。

二、人身保险中代位求偿制度缺失的原因分析

代位求偿制度在人身保险中的缺失,已经引起了学界的高度关注,结合现行立法中仍然坚持人身保险不能适用代位求偿制度的现状展开的深度分析,本文认为代位求偿制度在人身保险中之所以缺失,有以下三个方面的原因。

(一)对人身保险性质的过分简单化理解

传统保险法理论认为人身保险仅具有定额给付性质,因此不能适用以损失补偿理论为基础的代位求偿制度。保险代位规范之适用至少涉及三方面关系:

① 中华人民共和国最高人民法院公报,2007年11期。

②《湖南省衡阳市中级人民法院[(2010)衡中民二终字第61号]民事判决书》。

当事人即保险人，被保险人以及在法律上应负赔偿责任之第三人，若无第三人致损害事实发生，则无保险代位之余地。① 人身保险通常可分为人寿保险、意外伤害保险以及健康保险三类，其性质也不尽相同。

1. 人寿保险仅具有定额给付性质

人寿保险，是指以被保险人生存或死亡为保险事故，于保险事故发生时，由保险人给付一定保险金予受益人或其他应得之人的保险。基于人身无价理论和对生命的尊重，在实务中人寿保险都是由保险人预先确定保险给付标准，保险事故发生后，由保险人按合同进行理赔，即人寿保险具有明显的定额给付性质。具体而言，死亡保险合同的保险事故发生时，被保险人死亡，由受益人以其名义行使保险金请求权，因而不存在三方当事人，不符合代位求偿的适用条件；在生存保险合同中，以被保险人仍然生存作为保险金给付条件，由于被保险人仍然生存，并未有第三人导致损害发生，故亦不符合适用条件。综上，人寿保险是完全的定额给付性质的保险，不涉及第三方主体，缺少代位求偿制度适用条件而不能适用。

2. 意外伤害保险具有一定的损失补偿性质

意外伤害保险，是指被保险人在保险期限内，因遭受意外事故而使身体受到伤害及因此致残、致死时，保险人依约给付保险金的一种人身保险。一方面从保险事故的发生原因来看，意外事故一般是由第三人引起的，所以意外伤害保险包含三方面关系的当事人，符合代位求偿制度的适用条件。另一方面从保险金额给付的范围来看，包括残疾补偿金，死亡补偿金以及医疗、护理、交通费用等，其中残疾补偿金和死亡补偿金是基于被保险人的人身损害而支付的，其一般采用政府出台的相关规定所确定的数额标准，因此不具有损失补偿性质；而医疗、护理、交通费用等都需要实际损失发生之后才能够确定实际补偿数额，并且适用填平原则，这就具有一定的损失补偿性质，具备了适用代位求偿制度的前提。

3. 某些健康保险具有明显的损失补偿性质

健康保险，是以被保险人的身体健康为保险标的，以其疾病、分娩和因疾病、分娩所致残废或死亡为保险事故的一种人身保险。其中，因疾病或者分娩而致残废、死亡的，其保险金由双方在保险合同中预先约定，因而具有定额给付性质；而且只有被保险人和保险人两方面关系当事人，不符合保险代位求偿制度的适

---

① 樊启荣《"人身保险无保险代位规范适用"质疑——我国《保险法》第 68 条规定之妥当性评析》，《法学》2008 年第 1 期，第 19 页。

用条件。而对于医疗保险,保险人给付的保险金的数额是根据保险事故发生后产生的实际支出来确定的,具有损失填补性质,但是否具有适用代位求偿制度三方面关系当事人,还需分情况讨论。当医疗费用是由于第三人致害而产生时,具有三方面关系当事人,符合其适用条件;当医疗费用是由于自身疾病或其他非第三人损害的原因造成时,就会因不符合前提而不能适用。

从以上分析可知,并非所有的人身保险合同都是定额给付性质的,也并非都不具有三面关系人而不能适用代位求偿制度。意外伤害保险以及健康保险中因第三人损害造成的医疗费用保险都具有损失补偿性质,存在三方主体,是可以适用的。

(二)对人身无价理论的过分推演

人身无价理论认为人的身体和生命是无价的,不能以金钱评估其价值,否则有侮辱人格之嫌,这也成为学者认为人身保险合同不能适用代位求偿制度的理论基础。在该理论基础上,人的身体和生命是无价的,如果以金钱评估其价值,就是对人格的侮辱。同时,由于其无价性,无论被保险人获得多少赔偿金,都不构成不当得利。所以对于人身保险合同不能适用以损失补偿原则为基础的代位求偿制度。

然而人身无价理论的本质在于阐明人的身体和生命不可以用金钱买卖,而非不能用金钱来评估人身损害。正如西方学者所言"无论坚持哪种哲学观点,都需小心和谨慎,不能动辄就将生命价值上升到道德伦理层面……但是,社会的确允许买卖和交易人的服务,而人的生命价值是用其社会价值来衡量的,所以,对人的生命定价是不会被良好道德所谴责的。"①若仅因为人身无价而排除代位求偿制度之适用则过分偏激。因为人身无价理论的本质在于不得对人身进行定价买卖,而不是单纯的对人身进行定价,否则也不会有投保人基于自身需要投保不同数额的人身保险以及预先规定保险金的存在。而且基于生命价值理论,人的生命价值本质就是个人未来收入或者个人服务价值扣除生活费用后的资本化价值,因此人身价值用金钱进行表达是具有合理性的。所以,人身无价理论并不能推导出人身保险不能适用代位求偿。

(三)现行保险领域财产人身两分法结构的局限性

我国现行保险法以保险标的为划分标准,将保险合同分为财产保险合同和

① Alfrde E. Hofflander, *The Human Life Value: An Historical Prospective*. The Journal of Risk and Insurance, Vol.33, 1996, 391.

人身保险合同。这一制度设计在人身保险合同成立初期，这一时期只存在人寿保险合同，采用人身保险合同和财产保险合同的两分法并没有什么不妥。但是随着保险业的发展，医疗保险和意外伤害保险相继产生，根据前文可知，这两类保险不同于传统人寿保险，具有一定的损失补偿性质。而代位求偿制度的适用是以保险合同是否具有损失填补性质作为前提，只对损失填补性质的保险合同予以适用。因此我国现行保险法采用的人身财产两分法是有一定缺陷的。日本、美国、德国等国家早就认识到财产人身两分法的局限性，并做出了相应调整以弥补其缺陷。比如日本将保险合同分为生命保险、损害保险和伤害及定额保险，对具有损失补偿性质的人身保险做出相应的规定，从而避免了不合理的合同分类所导致的法律适用的纷争。因此，我国未来修法应当考虑到现行分类的局限性对其加以修改。

三、人身保险代位求偿制度的立法构建

我国代位求偿制度适用在人身保险中的缺失很大程度上是由于立法的缺陷引起的，因此要改变现有状态必须要通过立法手段进行修改，从而改变现行法律的不合理规定，使得法院在处理相关案件时有良法可依。

(一)制度设计的理论基础

1. 代位求偿制度与损失补偿人身保险的立法精神的一致性

保险旨在弥补被保险人因保险事故的发生所遭受的损失，而非使被保险人因保险而获利，也就是说其本质在于损失填补。根据传统的保险理论，人身保险属于定额给付性质，但通过前文可知，人身保险中的医疗险和意外伤害险具有损失补偿性质，而非单纯的定额给付性质。代位求偿制度是规范补偿性保险合同中，保险人赔偿被保险人损失后，代位取得被保险人向第三人请求赔偿的权利的制度，其目的在于避免被保险人获得双重赔偿，以此保障正常的社会秩序。综上，代位求偿制度和损失补偿性质的人身保险的设置都是为了弥补损失，防止不当得利，二者在立法精神上是一致的。

2. 保险合同双方的共益性

单纯从损失补偿性质的人身保险来讲，被保险人投保是为了防止损失过大以至于无法承受，而预先向保险人订立保险合同，通过较少的保险费的给付来换取未来可能的较大数额的赔偿金，从而减少由保险事故造成的损失。代位求偿制度的设置并非是剥夺被保险人取得保险金的权利，被保险人仍享有选择权，被

保险人既可以选择向保险人请求理赔,也可以选择向具有赔偿义务的第三人要求赔偿。对于被保险人而言,是多了一种选择;对保险人而言,作为盈利法人,其进行保险经营的目的在于获利,而通过代位求偿制度可以使保险人赔付后,在赔付范围内代位取得被保险人对第三人的赔偿请求权,因此能够减少其最终支出的保险金的数额,有利于保险事业的经营。同时,保险事业的经营是建立在精算基础之上的,保险人通过代位求偿制度所减少的保险金的给付最终会反映在保费的制定上,被保险人一方也可以享受到代位求偿制度所带来的益处。

综上所述,无论是对保险人还是被保险人来说,代位求偿制度的设置都是可以接受的。因此,代位求偿制度在人身保险中的适用具有理论上的可能性。

(二)立法构建的实践基础

1. 实务中问题层出

根据前文论述可知,虽然我国法律明确规定人身保险无代位求偿制度的适用,但是不同法院对相类似案件可能会做出截然相反的判决,而不同法院之间的不同做法恰恰说明我国现行法律规定代位求偿制度仅适用于财产保险的做法有待商榷。同时由于立法缺陷所造成的法律适用上的混乱也要求法律进行修改。

2. 相关国家立法可以作为借鉴

随着保险实务的发展,意外伤害保险以及医疗保险产生,许多国家已经通过立法确定了其在人身保险中的适用,比如意大利《民法典》1916 条第 4 款规定"……本条规定亦适用于工伤事故和偶发灾害的保险";《澳门商法典》第 1030 条规定"人身保险合同中,保险人做出给付后不得代位取得被保险人因保险事故而生之对第三人之权利。上款之规定不适用于在第三人所造成之意外事故中保险人所承担之医疗和住院开支"。美国也以判例的方式确定了代位求偿制度在人身保险中的适用。因此,我国未来保险法的修改也可借鉴国外的相关法律规定确定代位求偿制度在人身保险中的适用,这不仅是实践的需要也是顺应保险法发展趋势的要求。

(三)法条规范的具体路径

对于我国损失补偿人身保险中代位求偿制度的设置,当前学界主流观点是变更现有分类方式,即将保险分为损失补偿保险和定额给付保险,规定其对损失补偿保险予以适用。但笔者认为通过调整法条的位置来实现其适用或者更为可行。

1. 调整现行法条位置,将代位求偿制度置于保险合同首节

目前,代位求偿制度的相关规定仅存在现行保险法关于财产保险的相关规

定中。[①] 可以考虑将其放置到保险合同第一节中,并将第46条删除,从而使代位求偿制度对人身保险和财产保险都能够适用。调整法条位置的优势主要体现在以下三个方面。

首先,实现难度方面。一直以来,我国采用的都是财产人身二分法。即使是在学界反映强烈的情况下,2009、2014以及2015年《保险法》的修改也并未改变现有的保险分类和体系结构,说明立法者坚持现有保险合同的财产人身两分结构,如果采取变更法条位置的方法来实现代位求偿制度对部分人身保险合同的适用,就不会破坏现有的保险合同人身财产两分法结构,更容易为立法者所接受。

其次,实务方面。保险业实行的一直是分业经营的模式,我国《保险法》第95条明确规定保险人不得兼营人身保险和财产保险。若直接进行保险合同分类的变更,保险公司分业经营的约束就不存在了,各保险公司若想在竞争中保持优势,必然要对原有的基于分业经营的自身业务的规划进行变动。由于保险的技术性,保险公司若想拓展其业务范围必然要进行大量的精算工作和风险评估,变革难度巨大。而如果通过采用变更相关法条位置的方法,保险人不需要变更其经营范围,只需调整保险产品,变革的难度明显要小得多。

再次,成本方面。在现有人身财产两分基础之上,想要从根本上改变保险合同分类方法,其成本无疑是巨大的。根据刘大洪的经济法成本构成理论,一部法律的成本构成包括立法成本,实施成本,机会成本,社会成本及边际成本。在保险法变动中体现较为明显的包括立法成本和实施成本。[②] 倘若修法直接推翻现有的人财两分法,采用损失填补和定额给付的分类方法,国家必然要承担直接立法成本支出,以及为了损失填补和定额给付的分类方法得到切实实施,通过旧的纸质媒介以及互联网等新媒体进行阐释而产生的间接成本支出。为了从根本上变更现有分类方法,改变现有立法人员的人财两分观念,考虑到组织相关立法人员进行法律的修改重构以及保险人为了适应新的分类方法而支出的费用的实施成本等问题,通过变更法条位置的方法来实现代位求偿制度更具有可行性。

2. 理顺保险合同条款制定权与监督权的关系

在健康保险和意外伤害险中设置代位求偿制度有助于解决实务中因法律规定不明导致的不同法院法律适用的冲突问题。笔者认为,具体操作中,应将保险

① 《中华人民共和国保险法》第60条。

② 刘大洪《法经济学视野中的经济法研究》,中国法制出版社2008年版,第39~48页。

合同条款的制定权配置给保险公司,而将监督权配置给保险监管机关。

首先,设置代位求偿制度能在一定程度上减少保险人实际给付给被保险人的数额。作为以盈利的企业法人,保险人必定会积极制定代位求偿制度在具有损失补偿性质的人身保险中适用的相关保险条款,从而在客观上能够完善我国代位求偿制度的有关规定。

其次,保险实际上是保险人将相同种类的风险集中起来,运用精算制度测算出损失,并将其在投保人间进行风险分配的制度。也就是说保险是建立在数理计算基础之上的技术制度。因此基于保险业务的专业性和技术性,将代位求偿适用的规定交由保险公司制定,一来可以利用保险公司内部的专业人员以及保险公司经营过程中积累的相关经验使得相关规定更加具备可操作性和技术性;二来由保险公司制定相关规定可以减少国家相关立法成本,节约国家立法资源。

再次,保险人是以盈利为目的的,代位求偿制度使得保险人获得被保险人向第三人的请求赔偿的权利,这在一定程度上能够减少实际支出的数额。因此,为了避免保险人基于自身利益而滥用权利制定不合理的条款损害被保险人的利益,必须规定相关机关对其进行监管。我国保险监督管理机构是保险监督管理委员会,法律上明确指出由保险监督管理机构对保险公司制定的相关规定进行监察,可以提高其监管的自觉性,避免推诿责任现象的发生,提高监管的效率,正如 Goodhar 曾指出,除非明确监督目的的定义,并精确的把监督责任交给监督部门,其监督方可高效运作。①

(四)其他相关的配套建设

1. 提高保险人的业务能力及权利意识

首先,要使代位求偿制度在人身保险中得到规范的适用,保险人作为代位求偿权的权利人,同时也是代位求偿权在人身保险中适用的制定者,就必须要提高自身业务能力,对代位求偿制度在人身保险中的适用作出合理的规定。这不仅有利于保险人保险业务的开展,避免保险事故发生后保险人与被保险人就是否适用代位求偿产生争议,同时也是法律赋予保险人的义务。

其次,保险人要树立代位求偿的意识,不仅要在合同订立时就对被保险人就相关条款进行明确的告知说明,而且要在保险事故发生,进行保险理赔后,积极行使权利,使代位求偿制度真正能够得到适用。

---

① 李文锐《保险产业政府规制系统优化问题研究》,北京交通大学 2017 年博士论文,第 17 页。

2. 确保保险监督管理机构职责的履行

保险监督管理机构作为监管者，具有审批保险条款、费率及对保险人的不正当竞争行为进行规制的职责，因此基于监督管理职能，其必然要对保险人所制定的相关条款进行审慎检查，防止保险人利用其专业人员和知识技术设置不公平条款损害被保险人一方的利益。该职责的有效实现应当主要从以下两方面来规制：首先，应当加强保险监督管理机构人员的专业能力和职业道德，要求其定期接受培训，避免因个人能力及素质原因造成不合理的条款被订入合同中，损害被保险人利益。其次，设置相应的责任机制，当其未尽审慎监管职责时，应当承担相应的责任，通过责任机制的作用，促使其最大程度的发挥监察的作用，保障保险秩序，确保代位求偿制度的有效运作。

结语

保险代位求偿制度对于协调保险人，被保险人及第三人的法律关系具有重要作用，世界各国都对其进行了相关规定；反观我国，并不尽如人意。虽然代位求偿制度有其自身固有的缺陷，但这并不能成为完全否定它的理由。理论和实践的探索都表明，应当区分不同的险种，合理的配置代位求偿制度，而不是局限于人财两分基础，直接否定人身险中代位求偿制度适用的可能性，这样方能弥补法律规定的不足，推动保险事业的发展，顺应社会发展的需要。

保险法中危险增加通知义务探析

何宜疃*

摘要:危险增加通知义务,是最大诚信原则和对价平衡原则在保险法中的体现,保险合同作为一种继续性合同,在其履行过程中,保险标的情况的变化将影响缔约时所承保的危险状况。因此,保险法课以投保人或被保险人危险增加的通知义务,以便保险人据此对危险增加的事实作出新的估量,决定是否继续承保。目前,危险增加的判断标准以及违反危险增加通知义务的法律后果因立法的模糊而在实务中存在较大分歧。

关键词:危险增加　通知义务　法律后果

保险合同作为一种继续性合同,保险标的的风险程度不可能一成不变,因保险标的转让、改变使用性质、地址变更等因素导致保险标的危险程度显著增加的情况时有发生。如果合同期间保险标的的危险显著增加,保险人给付保险金的概率也会随之增加。危险大的,就应当交纳较多的保险费;投保金额越大,所交纳的保险费就越多,这就是保险交易的对价平衡原则。① 为遵循对价平衡原则,法律课以被保险人危险增加通知义务,其目的在于使保险人及时了解危险变动情况并做出相应决策,以维护保险人在信息劣势下的利益平衡。2009 年修订的《中华人民共和国保险法》(以下简称《保险法》)第 49 条对因保险标的转让导致危险程度显著增加的处理作了规定;《保险法》第 52 条对保险标的因转让之外的其他原因导致危险程度显著增加的情形的处理作了规定;《最高人民法院关于适用〈中华人民共和国保险法〉若干问题的解释(四)》(以下简称《保险法司法解释(四)》)第 4 条对如何认定危险程度显著增加做出了补充规定。然而司法实践

---

* 作者简介:何宜疃,青岛市中级人民法院金融审判庭法官助理。

① 曹兴权《保险缔约信息义务制度研究》,中国检察出版社 2004 年版,第 27 页。

中，就如何判断危险程度是否显著增加、危险程度显著增加通知义务的法律后果及具体处理模式等问题仍存在一定的争议。本文将从两个保险案例入手，寻求上述问题的解决之道。

一、危险程度增加现象及其引发的司法难题

案例一：甲公司将其所有的机器设备、电子设备、存货（包括辣椒、调味品等）在某财产保险公司处投保，保险合同中约定，保险财产地址为：某村（如有多个地址分别填写，投保单只填写最主要的一个保险财产地址）。双方保险合同条款第25条约定：保险标的的地址变更后，被保险人应该及时通知保险人，如果未履行该义务，对于因保险标的危险程度显著增加而发生的保险事故，保险人不承担赔偿义务。后，甲公司承保的辣椒晒干后，将其中部分辣椒干分批次送到乙公司储存，乙公司为甲公司出具了入库明细表。保险期间内，乙公司恒温库发生火灾，将甲公司贮藏的辣椒在火灾中全部烧毁。保险事故发生后，甲公司向某财产保险公司提出索赔要求，某财产保险公司以存放保险标的物地址发生变化未通知某财产保险公司，导致标的物风险程度增加为由拒赔。甲公司认为某保险公司应履行赔偿金支付义务。此案引发的问题：①保险标的地址的变更是否导致保险标的的危险程度显著增加，且该危险程度的增加是否达到足以影响保险人决定是否继续承保或者增加保险费的程度；②被保险人对于变更地址的选择是否尽到审慎义务，即被保险人是否能够预测到保险标的存放地址的变更将导致保险标的的危险程度显著增加；③被保险人未履行危险增加通知以后的法律后果。

案例二：甲为登记在本人名下，适用性质为“非营运”的机动车投保了机动车损失险、机动车盗抢险。保险单载明，保险车辆使用性质为“家庭自用”，重要提示栏注明被保险机动车因改装、加装、改变适用性质等导致危险程度显著增加以及转卖、转让、赠送他人的情况，应当及时书面通知保险人。保险合同中机动车盗抢险保险条款及机动车损失条款均用加黑字体记载，在保险期间内，被保险机动车改装、加装或从事营业运输等，导致被保险机动车危险程度显著增加的，应当及时书面通知保险人，否则因被保险机动车危险程度显著增加而发生的保险事故，保险人不承担赔偿责任。后，甲驾驶涉案车辆以营利为目的，以网约车的方式在路边载上两名男子后发生交通事故，甲向某保险公司提出索赔，该保险公司以甲未履行危险增加通知义务为由拒绝赔付。此案引发的问题：①本案是否存在危险程度显著增加的情形？②被保险人未履行通知义务的法律后果如何认定？

以上两个案例均涉及如何判断"危险程度显著增加"以及被保险人未履行通知义务的法律后果问题。案例一中保险标的的地址发生了变更,案例二中标的物的用途发生了改变。然而,地址和用途的改变势必会导致标的物的危险程度显著增加吗?《保险法司法解释(四)》第4条也列举了认定"危险程度显著增加"时需要考量的因素,但仅用了"应当综合考虑以下因素"的字样,并非具备这些因素就必然导致危险程度显著增加。此外,上述两个案例中皆约定了如果被保险人未履行通知义务,则保险人不负责赔付保险金,此时被保险人是否可以请求退还保险费?保险合同是否解除?综上,如何判断危险程度是否显著增加,违反危险程度显著增加通知义务法律后果如何认定,成为处理此类案件的棘手难题。

二、是否存在"危险程度显著增加"的判断与认定

通说认为,所谓危险增加,是指合同成立期间未曾估计到的显著的未间断的危险状况的增加。[①] 其构成要件一般为:危险的重要性、危险状态的持续性和保险人投保时的未曾预估性。有学者建议将属于"危险程度显著增加"的情形在法条中具体列明,但是本文认为,不同的保险所承保的风险不同,危险变动的情况也多种多样,很难作出穷尽式列举,但是,应当将"危险程度显著增加"的判断标准作出统一的司法尺度。本文中的两个案例对于研究危险的重要性及未曾预估性问题提供了典型素材。

(一)重要性——危险应达到"足以影响保险人决定是否同意承保或者提高保险费率"的程度

鉴于危险通知义务的主要立法目的和基本原则就是为了维护对价平衡原则,如果保险标的物的危险程度只发生了轻微的变化,不足以影响保险人同意承保或者提高保险费率,没有动摇原保险合同订立的基础,也就没有必要苛刻地要求被保险人履行通知义务。因此,判断危险程度是否显著增加,应当考虑到危险增加的程度。此时可以引用《保险法》第16条中关于违反如实告之义务而解除合同的条件,即"足以影响保险人决定是否同意承保或者提高保险费率"这一标准。

学术界对以谁的标准认定"决定保险人是否同意承保或提高保险费率"存在争议,是保险人、被保险人还是一般理性人(又称合理人)?大部分学者认为,危

① 卢纯昕《危险增加通知义务探析——兼述我国〈保险法〉第37条的修改与完善》,《中国商法年刊》(2007)。

险程度显著增加影响的是保险人对于承保风险以及保险费率对价的评估，因此，应当采用谨慎的保险人标准进行判断。然而，此种观点仍有失偏颇，“危险状况之改变必须对保险人有重要性的影响始足当之。而依学说，于判断其是否具有重要性时，须依一般观点或依特定保险各类之性质，假设于危险增加之情况下，任一保险人皆会要求增加提高保险费率或不愿接受原保险契约之约束为之”①。本文认为，在司法实践中，虽然可以采用保险人的判断标准，但应以加大保险人之举证责任的方式避免其滥用该标准，保险人应当证明保险标的危险增加的程度已经达到足以影响其决定是否承保及以何种费率承保的重要程度。而此时，被保险人若其受专业所限，缺乏相应的能力判断何种危险程度增加会对保险人的承保产生重要影响为由进行抗辩，则中立的法官应当采用民法上理性人（又称合理人）的标准进行判断，也即应当以具有一般社会公众所公认和期待的理智及谨慎的理性人作为判断标准，其所作出的行为应当符合一般社会大众要求。在这种情况下，被保险人不能以其自身个体的特殊认知欠缺进行抗辩。

在本文开篇的第一个案例中，某保险公司主张被保险人甲公司变更保险标的的存放地址，将辣椒干存放于没有通过消防验收的乙公司，并举证消防部门确认乙公司冷库既未通过消防验收，也未设置消防栓等消防设施，并且擅自使用可燃材料作为保温体，存在严重消防安全隐患。甲公司却抗辩其已经作出了合理的审查，无法判定地址的变更是否导致危险程度达到了显著增加的程度。法官最终采用了理性人的判断标准，结合甲公司的经营性质，认为对于乙公司的安全及消防情况，甲公司负有审慎的义务，甲公司作为辣椒干的经营单位，应当知悉辣椒干的物理特性及安全储存条件，其将辣椒干转移贮存地点于乙公司，应当调查确认乙公司在厂区结构、周边环境及消防设施等方面是否具备安全储存条件，选择的储存地点是否具有有关主管部门核发的符合安全规程的可允许生产使用的相关证照。最终法官认为，甲公司的判断标准不符合一般理性人的标准，不足以抗辩某保险公司的判断标准，最终以保险人的标准认定该案标的物地址的存放确实已经达到了“决定保险人是否同意承保或提高保险费率”的程度。

（二）未曾预估性——区别于情事变更原则中的不可预见性

未曾预估性导致危险增加是当事人订约之初未曾预料到的，保险人未估算在危险之内的。② 对于未曾预估性的判断应结合情势变更原则的不可预见性并

① 江朝国《保险法基础理论》，中国政法大学出版社 2002 年版，第 240 页。

② 详见温世扬《保险法》（第 2 版），法律出版社 2009 年版，第 110 页。

与之加以区分。情势变更与危险增加通知义务皆系诚实信用原则在私法领域之具体体现,然两者在本质上存在不同。

情势变更原则是指合同有效成立后,因不可归责于双方当事人的原因(当事人不可预见的事情的发生),致使合同的基础动摇或者丧失,若继续维持合同原有效力显失公平或者不能实现合同目的,应允许变更合同内容或者解除合同。该原则强调合同基础的异常变动,即合同订立之初难以为当事人所预见的情况。情势变更原则的显著特征在于变动之不可预见性。危险增加通知义务中所强调的危险增加的情形是保险人未曾预见的,而并非导致危险增加的事情是订立合同时当事人双方都不能预见的。如开篇第二个案例,甲将其所有的"家庭自用车"投保车辆损失险及盗抢险,对于该车将来可能作为营运车辆的事实保险人是可以预见的,但是其在与甲订立保险合同时,仅能以"家庭自用车"为标准计算保险费率,而无法将甲改变车辆用途时可能增加之保险费率计入其中。因此,危险显著变化中的危险应为未曾预估性,即当事人在缔约时,未将危险增加之情形列为保险费率的评估因素,而导致危险增加的事情能否是当事人可以预见的,不在考量的范围之内。

三、危险程度增加后的法律后果承担

《保险法》第49条和第52条皆规定了危险增加后,被保险人履行了通知义务和未履行通知义务的法律后果。本文将从比较法的角度对各国立法中对于危险增加通知义务的法律后果进行分析,以期对我国立法的完善有所裨益。

(一)被保险人履行了通知义务的法律后果

关于被保险人履行通知义务的法律后果,各个国家和地区均在立法中予以明确规定,归纳起来主要有三种模式:第一为终止权模式,即危险程度一旦增加,保险人直接终止合同,此模式主要以德国、日本立法为典型;第二为选择权模式,即危险程度一旦增加,保险人既可以选择增加保费以维持保险合同,也可以直接解除合同,两者并无先后之分,我国立法就采用此种模式。第三为顺序模式,即保险危险程度一旦增加,先赋予保险人增加保费的请求权,一旦协商不成或者增收的保费不能符合承保条件的,开始赋予保险人解除合同的权利,我国澳门地区采用此种模式。①

① 《澳门商法典》第979条。

本文认为,第一种模式有违危险增加通知义务的立法本意,法律之所以可以被保险人危险增加通知义务,是为了促使保险人在知道保险标的的现实危险状况后对承保的风险作出重新评估,以实现新一轮的对价平衡,而一旦出现危险程度显著增加的情形,不管危险是否真的发生,保险人都可以直接解除合同的话,不能使被保险人所获利益高于其不履行通知义务所获利益,也就不能达到督促被保险人积极履行通知义务的效果,通知义务便不再有存在的必要。第二种模式虽赋予了保险人选择增加保费或解除合同的权利,但是实践中,保险人常常滥用合同解除权,损害投保人及被保险人的利益。第三种模式虽较为可取,但是不够明确。因此,本文认为,从鼓励交易、维护诚信的角度出发,保险人在接到被保险人危险增加的通知后,可以根据受让人的情况以及保险标的的现状重新进行风险评估,如果危险程度显著增加,但是没有超出保险人的承保范围,则保险人首先应当通知被保险人补交保费,如果被保险人不同意保费增加,保险人才可以主张解除合同。如果危险程度显著增加并超出保险人承保范围或者保险事故已经发生,保险人才可直接行使合同解除权。

(二)被保险人怠于履行通知义务的法律后果

怠于履行通知义务是指,投保人或者被保险人没有在得知危险程度显著增加的事由后,立即或者在合理期限内将危险增加的情况告知保险人。怠于履行通知义务是否必然导致保险人不承担赔付保险金的责任呢?对此,理论界和各国法律中出现三种观点。第一种为非因果关系说,即只要怠于履行通知义务,就必然导致保险人不承担赔付义务,这种一刀切的、严重偏袒保险人的理论有违公平原则,不宜采纳;第二种为因果关系说,我国保险法就采用该学说,该学说主要是通过限制处于专业知识优越地位的保险人的解除权来平衡当事人之间的利益关系,但是本文认为,因果关系说可能会诱发被保险人的投机心理,促使其隐瞒危险程度增加的事实,因为即便存在危险程度显著增加的情形,但如果事故的发生与危险增加无因果关系,保险人仍可以低廉保费换取高额保险金,如果存在因果关系,也无非与履行通知义务一样解除合同,不会有更大损失;第三种为比例赔偿说,即主张的赔偿金数额应当以被保险人通知义务履行与事故发生之间的关联比例予以减少,该学说在实践中难以掌握,也不具有可取性。

本文认为,被保险人怠于履行通知义务后,因保险标的危险程度显著增加导致保险事故发生的,保险人必定免除保险责任。但是,如并非保险标的危险程度显著增加导致保险事故发生的,应当区分危险增加是主观还是客观原因。保险人可以按照危险程度显著增加后其应当收取的保险费与合同订立时实际收取的保险费的比例来确定保险人应当赔付的保险金数额。例如开篇的第二个案例中,若被保险人将"家庭自用车"擅自作为营运的网约车使用时因停放不当被盗,保险人是否应赔付保险赔偿金?根据上述理论,此时,保险危险程度的显著增加系因被保险人主观故意导致,但是危险程度的显著增加与车辆被盗之间并不存在因果关系,此时,不能直接免除保险人的赔付责任,但是应当按照比例赔付原则相应地减少保险赔偿金,以惩戒被保险人未履行诚信告知义务。

如果危险的增加仅仅系因客观原因导致,被保险人对危险的增加并无可归责性,那么保险人就应当按照保险合同的约定支付保险金,但是由于保险的危险程度确实显著增加了,为保护合同对价平衡状态的持续,保险人有权要求被保险人补缴自危险程度显著增加情况出现之日起至保险事故发生之日止增加的危险计算的保费。

另外,《保险法》第52条第2款虽然规定被保险人怠于履行通知义务后,因保险标的危险程度显著增加导致保险事故发生的,保险人免除保险责任,但未明确规定此时保险合同的效力如何认定。本文认为,被保险人怠于履行危险增加通知义务,既违背了诚信原则,又由于危险的增加使得合同双方的对价平衡原则遭到破坏,法律理应课以义务人比其履行通知义务更为严重的法律责任。在被保险人履行通知义务的情况下,保险人都有增加保费或解除合同的权利,故在被保险人未履行通知义务导致保险事故发生时,保险人当然有权解除合同。

(三)保险人合同解除权的法律效果认定

在危险增加义务的法律后果中,两次涉及保险人的合同解除权,保险法却未明确规定合同解除权的法律效果。① 探讨解除权行使之法律效果,首先涉及合同解除之溯及力问题。保险合同解除后有无溯及力?保险人是否应当返还保费?司法实践中常常遇到以上的问题,难免会出现争议。

合同的解除权是形成权,无须双方意思表示一致,只需单方作出即可。保险合同亦如此,对于保险人单方解除合同后的溯及力问题,理论界存在肯定说、否定说和折中说三种观点。肯定说认为保险合同解除权原则上有溯及力,即合同解除后,双方对待给付恢复原状,保险人对于合同解除前发生的保险事故不负赔偿责任,但是应当返还保费。否定说认为一时性合同解除权原则上具有溯及力,

① 王子晏《保险合同解除权的规范性质和法律适用》,《社会科学家》2012年第12期。

继续性合同的解除权原则上无溯及力。[①] 由于保险合同为继续性合同，合同的解除原则上无溯及力，只对将来发生效力，合同解除前保险人与投保人履行的给付义务依然有效，保险人无须返还保费。折中说则主张根据是否返还保费来认定合同有无溯及力，保险费返还的情况下，解除权有溯及力，不返还保险费情形下则无溯及力。[②] 本文认为，保险合同的解除有两种情况，一种是因可归责于一方当事人的事由引起的解除即违约解除；另一种是因无可归责于任何一方当事人的事由引起的解除。如果系第二种原因解除合同，合同任何一方都不存在过错，法律就应当平等地保护双方当事人的利益，选择对双方都有利的解决方式，即合同解除应具有溯及力，还原到订立合同之初的状态。因此，如果因被保险人的主观过错导致标的物危险程度显著增加，被保险人又未履行通知义务，无论最终是否发生了保险事故，只要保险人行使了合同解除权，该解除权都应无溯及力，保险人都无须退还保险单的现金价值。如在本文开篇的第一个案例中，甲公司对于保险标的地址的转移未尽审查义务，随意变更地址导致保险标的危险程度显著增加，甲公司对于危险增加存在明显的主观过错，火灾的发生系可归责于保险人的因素，因此该案中，保险人不应将保险单的现金价值退还甲公司。第二个案例中，甲在将"家庭自用车辆"作为网约车进行营运时，就应当预测到营运车辆发生交通事故的概率明显高于非营运车辆，因此甲对于危险程度的增加亦存在主观的故意，其未履行危险通知义务导致事故发生后，保险人不仅无须支付保险金，而且作为对甲主观恶意的惩罚，保险人也无须返还其现金价值。

四、危险通知义务的立法及司法建议

从上述分析可见，我国在立法和司法层面对危险增加通知义务的相关规定欠缺可操作性，本文将对此提出一些浅见。

（一）立法建议

第一，明确危险程度显著增加的判断标准。建议在《保险法》第 52 条的"危险程度显著增加"后加缀"达到足以影响保险人决定是否同意承保或者提高保险费率的程度"。

法院在审理涉及危险增加通知义务类案件时，首先要判断保险标的危险程度是否显著增加，而判断危险程度是否显著增加的重要因素就是该危险是否达

---

① 崔建远《新合同法原理与案例评析》，吉林大学出版社 1999 年版，第 198 页。

② 可欣《论保险合同的解除》，吉林法学 2000 年硕士学位论文，2000 年，第 35 页。

到了一定的重要程度,然而新修订的《保险法》仅规定了"危险程度显著增加",并未明确何为"显著",这就给法官较大的自由裁量空间,易出现同案不同判的情形。因此,建议明确"显著"的程度。本文认为,可以从保险人的角度判断,借鉴江朝国提出的观点:"危险状况之改变必须对保险人有重要性的影响始足当之,而依学理,于判断其是否具有重要性时,须依一般观点或依特定保险各类之性质,假设与危险增加之情况下,任一保险人皆会要求增加提高保险费率或不愿接受原保险契约之约束为之。"①即"达到足以影响保险人决定是否同意承保或者提高保险费率的程度"。据此,并非所有情形下的危险增加都属于"危险程度显著增加",只有那些足以导致保险人提高保险费率或者终止保险合同的危险才能认定为"危险程度显著增加"。

第二,建议在《保险法》中增设如下条款:"保险人在制作保单时,应明确列明常见导致危险增加的事由,若非保险合同中所记列事由明显会导致危险程度显著增加的,也系被保险人须通知的范畴。否则即便被保险人未履行通知义务,保险人也不能主张免责。"

投保人或被保险人在购买保险时所交纳的保费主要受保险金额和保险费率两种因素影响,影响保险费率的因素又因各险种有异而不同,保险人应当将导致危险增加的因素在投保单上进行罗列,并明确告知所列因素属于影响危险程度显著增加的重要因素,投保人或被保险人须履行通知义务。然而,因宇宙万物千变万化,依经验很难全部罗列,若保险合同未能穷尽所有影响危险程度显著增加的因素,不能直接免除投保人或被保险人的通知义务,须明确规定如遇明显会导致危险程度显著增加的因素,且按照一般人的判断标准可以认定为"达到足以影响保险人决定是否同意承保或者提高保险费率的程度",投保人或被保险人仍应负通知义务。

第三,建议在《保险法》中明确列明合同解除后保险人无须退还保费的情形。建议增设如下法条:"若因投保人或被保险人的主观过错导致标的物的危险程度显著增加的程度超过保险人的承保范围或发生保险事故,且被保险人未履行通知义务的,保险人可解除合同保险人且无须退还保费。"

根据我国《保险法》第47条的规定:"投保人解除合同的,保险人应当自收到解除合同通知之日起三十日内,按照合同约定退还保险单的现金价值。"因此,一

① 江朝国《保险法论文集(一)》,瑞兴图书股份有限公司1997年版。

般来说，若投保人或保险人解除的是人身保险合同，解除权的行使应导致人身保险合同溯及既往的发生消灭的效力，保险人应当向投保人或被保险人退还现金价值。然而，当因投保人或被保险人的主观过错导致标的物的危险程度显著增加的程度超过保险人的承保范围或发生保险事故时，为了惩戒投保人或被保险人，发挥法律的正向引导作用，应当赋予保险人免除退还保险现金价值的权利。

（二）司法建议

鉴于对“足以影响保险人决定是否同意承保或者提高保险费率”的判断较为专业，须在保险精算的基础上，要求保险人承担的风险与投保人所交付的保险费具有对价关系。然而，保险人在订立保险合同时所采用的标准在司法实践中易产生不公平，也不易被被保险人信服，因此，本文建议在保险行业成立专门的专业审核机构，对于危险增加的情况进行审核，以专业理论判断危险的增加是否破坏了对价平衡原则，最终作出危险程度是否显著增加的判断。

不同性质的免责条款对保险理赔的影响

——从一则案例简析危险状态免责条款

肖　颖*

摘要：免责条款是保险合同的重要组成部分，也是司法实践中最容易产生争议的条款。本文通过一起案例，对免责条款的性质进行分析，同时对危险状态免责条款进行解析。论证保险是否是风险管理的工具，合同订立后被保险人的行为是否造成了保险标的危险程度的增加，保险人最终是否应承担保险赔偿责任的衡量标准。不同性质的免责条款对保险合同双方的赔偿责任承担、举证责任承担均会产生重要影响。

关键词：免责条款　保证义务　危险状态免责条款　危险程度增加

免责条款是保险合同的重要组成部分，也是最容易在当事人之间产生争议的部分。在保险实践中，免责条款往往被指责为保险人借以规避赔偿责任的"霸王条款"。"投保容易理赔难"的现象，从某种角度上来说，正是因为免责条款不能被正确理解和准确适用，从而导致了保险行业倍受诟病。本文所分析的这起案例，具有一定的代表性，以期能从理论上对免责条款进行简要分析，为免责条款正名。

一、案件简要事实

某保险公司承保了一单货物运输定额保险，保险合同条款约定："第 5 条'由于下列原因造成保险货物的损失，保险人不负赔偿责任：……（六）违章装载货物及从事非法运输'；第 12 条'投保人、被保险人应履行下列义务：（二）被保险人要

---

* 作者简介：肖颖，二级律师，山东亚和太律师事务所高级合伙人，山东省律师协会保险专业委员会副主任，青岛市律师协会保险专业委员会副主任。

严格遵守国家及交通运输部门关于安全运输的各项规定，维护保险标的的安全。不得承运包装不符合国家和主管部门规定的货物，货物运输包装必须符合国家和主管部门规定的标准’。”之后该车在保险期限内发生交通事故，经交警认定，事故系“因驾驶员疲劳驾驶导致车辆右偏撞护栏造成”，驾驶员因此负事故全部责任。保险公司在现场查勘中发现，该车在事故发生时严重违反《道路交通安全法》第 54 条规定的车辆装载要求，车辆两侧均自行加宽了 0.5 米，装载总高度达到 4.7 米，载货长度也超出了车厢范围。根据保险合同免责条款的约定，保险公司对此案作出拒赔处理，但被保险人认为，事故原因非违反装载所致，对保险人适用的免责事由不能接受，遂起诉至法院。

此案中，被保险人事故发生时的违法装载事实清楚，在投保时，保险人就免责条款也向投保人进行了明确的说明和提示，案件的争议焦点在于违法装载并非事故认定书中认定的事故原因，保险公司能否据此主张免责。本文认为，此案考量的是对不同性质免责条款的理解和适用。在此之前，南京市玄武区人民法院曾在相关案例中进行了尝试，法院遵从保险基本原理，对免责条款的性质的划分，区别了不同性质项下免责条款与事故之间的因果关系适用，对案件进行了深入分析，作出了相应判决，阐明了免责条款的深层含义，被保险行业广泛引用，引起了较大反响，据笔者检索的结果，后期各地均有案例引用了此判决中的观点。

二、免责条款的概念及我国相关的法律规定

从字面上理解，保险免责条款是指保险人在保险合同中列明的，保险人对发生事故造成的损失免于承担赔付保险金义务或其他义务的条款。

《中华人民共和国保险法》(以下简称《保险法》)第 17 条规定：“订立保险合同，采用保险人提供的格式条款的，保险人向投保人提供的投保单应当附格式条款，保险人应当向投保人说明合同的内容。对保险合同中免除保险人责任的条款，保险人在订立合同时应当在投保单、保险单或者其他保险凭证上作出足以引起投保人注意的提示，并对该条款的内容以书面或者口头形式向投保人作出明确说明；未作提示或者明确说明的，该条款不产生效力。”

《最高人民法院关于适用〈中华人民共和国保险法〉若干问题的解释(二)》(以下简称《保险法司法解释(二)》)第 9 条规定：“保险人提供的格式合同文本中的责任免除条款、免赔额、免赔率、比例赔付或者给付等免除或者减轻保险人责任的条款，可以认定为保险法第 17 条第 2 款规定的‘免除保险人责任的条款’。

保险人因投保人、被保险人违反法定或者约定义务,享有解除合同权利的条款,不属于保险法第17条第2款规定的'免除保险人责任的条款'。"

从上述规定可知,我国法律仅就格式条款中的免责条款进行了规定,这是因为使用格式条款在我国保险行业中更为普遍,故在本文中笔者亦仅围绕格式条款进行分析。

三、保险免责条款的分类

理论上根据不同的性质和标准可以对保险合同免责条款作出很多不同的分类。

(1)根据保险免责条款的效力来源,可以分为法定免责条款和约定免责条款。法定免责条款即基于法律的直接规定而免责;约定免责条款,是指保险合同的双方当事人在保险合同中以免责条款的形式约定何种情形下保险人免于承担保险责任。

(2)根据事故与责任之间的因果关系,可以分为保证免责条款和近因免责条款。保证免责条款是指只要被保险人的行为违反了保险合同中的保证条款,不论事故的近因是否属于保险责任范围,保险人都不承担赔偿或者给付保险金的责任;近因免责条款是指若事故的近因是保险合同中规定的除外责任范围的事故,则保险人可以根据免责条款不承担赔偿或者给付保险金的责任。

(3)根据事故与责任之间的表现形式,可以分为事故原因免责条款、事故形态免责条款及危险状态免责条款。南京市玄武区人民法院的判决中所引用的条款分类即为此类,其在判决主文中陈述:"根据保险法理论,法定或约定免责事由可分为三种类型。第一种类型是保险人对由某种特定原因所发生的保险事故免责,称为事故原因免责。如投保人、被保险人故意制造保险事故,由战争或军事冲突等造成的保险事故,都属于事故原因免责。该类事故中保险人如要获取责任免除,就必须证明某种特定的原因事实。第二种类型是对由一些特定形态事故造成的保险标的损失,保险人可免责,被称作事故形态免责。譬如政府征用等原因造成保险车辆损失,保险人不负责赔偿,就是典型的事故形态免责。第三种类型是保险人对在某种特定危险状态下所发生的保险事故免责,称为危险状态免责。被保险人酒后驾车、无合法有效驾驶证驾驶都属于危险状态免责。其特点是只要保险事故发生时被保险人处于该责任免责条款所规定的危险状态之下，保险人可免除其保险责任，而无须证明保险事故是由该危险所产生的。”①

(4)根据保险免责条款的表现形式，免责条款可以分为除外责任条款和其他表现形式的免责条款，如自负额、免赔额条款、观察期条款等。除外责任是指保险合同中集中规定的保险人不负赔偿责任的事故及其损失范围；自负额、免赔额条款是指投保人自负额部分或属于免赔额范围内的损失和费用，由投保人自己承担；观察期条款是指合同成立后保险责任生效之前，即观察期所发生的事故，保险人不负责赔偿。

(5)根据保险人免责条款是否具有可协商性，免责条款可以分为格式合同中的免责条款与非格式合同中的免责条款。

四、本文案例所涉及的免责条款类型及分析

1. 根据保险免责条款的效力来源，案例所涉免责条款系约定免责条款

此案例中保险人可以提供投保单、保险合同签收及免责条款告知函等文件，证明约定免责条款合法有效。

2. 案例所涉免责条款是保证免责条款

保证义务也是保险合同中的一项特有原则，是指被保险人在保险合同履行过程中可以为或不为一定行为的承诺，该原则的基础是保险合同的最大诚信原则，对保险这一法律关系的存在具有重要意义。这是因为保险合同是一种射幸合同，即保险事故的发生具有不确定性，且保险标的又是由被保险人自己控制，因此为了维护保险人与被保险人在保险合同关系存续期间的权利义务平衡，法律规定被保险人在保险合同签订后必须承诺遵守维护保险标的安全的保证义务，否则保险人不应承担赔偿责任。该案例中，保险合同条款第 12 条约定:“投保人、被保险人应履行下列义务:(二)被保险人要严格遵守国家及交通运输部门关于安全运输的各项规定，维护保险标的的安全。不得承运包装不符合国家和主管部门规定的货物，货物运输包装必须符合国家和主管部门规定的标准。”该条款与《保险法》第 51 条“被保险人应当遵守国家有关消防、安全、生产操作、劳动保护等方面的规定，维护保险标的的安全”共同对合同订立后被保险人应恰当保障保险标的安全的行为进行了界定。

如前所述，保证免责条款的特点是只要被保险人的行为违反了保险合同中

---

① 南京市玄武区人民法院(2013)玄商初字第 311 号民事判决书。

的保证条款,不论事故的近因是否属于保险责任范围,保险人都不承担赔偿或者给付保险金的责任。故此案例中无论事故原因是否为违法装载,保险人均不应承担保险赔偿责任。

3. 案例所涉免责条款是危险状态免责条款

危险状态免责情况下,只要保险事故发生时被保险人处于该免责事由规定的危险状态下,保险人即可免除其保险责任,无须证明保险事故是由该危险所产生,即特定的危险状态的存在与保险事故发生之间无须有直接的因果关系。

此案例属于典型的危险状态免责类型,只要有证据证明被保险人存在违法装载的事实,即可免除保险人的赔偿责任,而不需要了解违法装载与事故发生之间是否具有直接的因果关系。

关于近因原则对此案例的影响,由于保险理论中的近因原则适用于保险免责事由认定时,只在事故原因免责条款适用是判断造成保险标的损失的多种原因中何者为决定、有效性原因时才有适用的空间;而在判断危险状态免责事由时,此类条款的适用不存在事故与损失间因果关系判断问题,因此并不适用近因原则。

4. 案例所涉条款非免赔额、自负额等条款,而是除外责任条款

5. 案例所涉条款是格式合同中的免责条款

五、结论与反思

第一,对格式合同中的免责条款,保险人要承担提示与明确说明的义务,否则该免责条款不产生效力。

格式合同中免责条款的明确说明义务如何履行一直是保险案件中争议较大的问题,各地法院对此掌握尺度不一,也往往成为认定保险公司承担赔偿责任的利器。《保险法司法解释(二)》第 10～13 条对免责条款告知形式和举证责任的分担等作出了较为明确的规定,但需要强调的是,对于不属于保险责任范围内的事故,保险人并不负有对免责条款的说明义务,也无需讨论免责条款的效力。

此案例中,保险人不仅能够提供经投保人签章确认的投保单,还提供了单独制作的保险合同及条款明确说明确认函等证据,较好地履行了明确说明义务,并留存了较为完整的证据,为案件的诉讼打下了较好的基础。

第二,免责条款具有不同的属性,选用不同的保险原理,可能会对案件处理产生不同的结果。但从核心来看,保险是否是风险管理的工具,即合同订立后被

保险人的行为是否造成了保险标的危险程度的增加是确定保险人最终是否应承担保险赔偿责任的衡量标准。

南京市玄武区人民法院判决中的核心观点之"危险状态免责条款"的内核即是考虑到被保险人出险时的状态已超越了保险人承保时对风险的评估,超出了保险的对价。2017 年 4 月 20 日重庆市高级人民法院印发了关于《保险合同纠纷法律适用问题的解答》,对该观点进行了更深入和明晰的解读,适用性更强,应当得到推广。尤其是第 6 条"问:商业三者险保险合同中约定,机动车在超载、未年检、驾驶人酒后驾驶、无证驾驶或准驾车型不符等状态下发生保险事故时保险人应减轻或免除保险责任的,若约定的免责事项与保险事故的发生没有因果关系,保险人主张减轻或免除保险责任的,人民法院是否支持? 答:保险合同中约定的在特定危险状态下发生保险事故保险人减轻或免除保险责任的免责条款系危险状态免责条款。该类条款的作用是为了让保险事故发生时的危险水平与缔结保险合同时的危险水平大致相当,以维护对价平衡原则。因此只要保险事故发生于该免责条款所规定的危险状态之下,保险人即可减轻或免除其保险责任,而无须证明保险事故是由该危险状态所导致"①很有借鉴价值。

我们回到此案例,订立合同时保险人核定风险的前提应当是被保险人遵守保证义务,保证保险车辆处于良好的运行状态,装载符合法律规定,若被保险人不能遵守其承诺的义务,造成保险标的处于较高的危险程度,保险事故发生时的危险水平超出缔结保险合同时的危险水平,则应根据《保险法》第 52 条的规定及保险合同的约定,支持保险人主张免责的诉讼请求。

① 重庆市高级人民法院《保险合同纠纷法律适用问题的解答》。

大蒜头是不是运输保险中所称的蔬菜

——兼与周庆元先生等学者商榷

偶　见*

摘要：蔬菜之所以被排除在《国内公路货物运输定额保险条款》可保标的范围之外，乃因其具有易腐烂变质之风险，须特定附加保险予以保障，而蒜头为干蒜，非《国内公路货物运输定额保险条款》旨在排除的易腐烂变质的蔬菜，不应归于蔬菜之列，对于其发生保险事故之损失，保险人应予赔偿。

关键词：货物运输保险　蔬菜与干蒜　保险条款解释　公平原则

"壹家险法"微信公众号于2018年8月16日发布了周庆元先生所撰《从大蒜谈保险条款不利解释条款的运用》案例，法院从不利解释原则角度认定大蒜头非为运输保险中所称蔬菜，判令保险人负赔偿责任。由河北农业大学王卫国教授发起、当代部分著名保险法学者所组成的"老友记"微信群认为此判意犹未尽，遂展开热烈讨论，仁者见仁，智者见智，既有真知，更有灼见。然笔者认为，究其源，此案还应从目的解释的角度来判定大蒜头到底是否属于运输保险中所指之"蔬菜"。

一、案情梗概

2009年10月，申某的货车投保了公路货物运输定额保险。《国内公路货物运输定额保险条款》第3条规定："下列货物不在保险货物范围以内：蔬菜、水果、活牲畜、禽鱼类和其他动物。"

2010年7月5日，申某承运24吨大蒜头自商河往金乡，途中因货车线路老

* 作者简介：偶见，自由撰稿人，高级经济师，南京大学保险法研究所副所长，南京仲裁委员会、周口仲裁委员会仲裁员。

化发生火灾,一车大蒜头化为灰烬,损失3.87万余元。申某赔偿客户货物损失后向保险公司索赔,保险公司以大蒜属于蔬菜为由拒赔。申某认为,大蒜同花椒、大料一样只是普通调味品,而非一般意义上的蔬菜。

法院审理认为:"《现代汉语词典》第1207页对蒜作出的如下解释:'多年生草本植物,花白色带紫,叶子和花轴嫩时可以做菜。地下鳞茎味道辣,有刺激性气味,可以做调味品,也可入药。'保险公司辩称大蒜是蔬菜,但未提供证明材料,保险条款中也没有对蔬菜的范围做出界定。原告拉载的蒜头即为大蒜的地下鳞茎,所以不是蔬菜,而是调味品。"判决保险公司败诉。

周庆元先生认为,不能仅以"功用"来判定某物质的性能,"功用"的判断应以一般人的常用为判断标准,"谓之'通常理解'"。大蒜为百合科葱属,与芹菜、胡萝卜、白菜、茄子、西红柿、黄瓜、辣椒和食用菌等这些食材为蔬菜之一种,此应为一般人的"通用理解"。但若该案中申某是为某药材公司,或者为调味料生产厂家承运大蒜,为特定目的承运,此时可以以"药用功用""调味功用"来判断大蒜的性质。蔬菜是指可以做菜、烹饪成为食品的一类植物或菌类,大蒜可以做菜,也是蔬菜的一种,将之归属为蔬菜应当没有争议。

二、案例分析

(一)大蒜头是不是通常意义上的蔬菜?

先秦无"蔬"字,用"疏"表示,"蔬"是汉魏间字,"疏"意为"穿行迷宫""曲径通幽","艹"指草本植物,"艹"与"疏"联合起来表示"种植在迷宫般的皇家园圃里的花草",本义为种类繁多的花草;"菜"指挑选所需要的花草,"蔬菜"一词意为"多种采集来的可食花草"。蔬菜是人们日常饮食中必不可少的食物之一,是指可以做菜、烹饪成为食品的一类植物或菌类。蔬菜在贮藏中仍然是有生命的机体,需要抵抗不良环境和致病微生物的侵害,保持品质,因此,贮藏时必须维持新鲜蔬菜的正常生命过程,尽量减少外观、色泽、重量、硬度、口味、香味等的变化。为此,需要针对蔬菜采后的生理变化采用相应的保鲜技术。日常生活中,蔬菜一般指生鲜蔬菜。

农业生物学分类法将蔬菜分为13类,其中有一类是葱蒜类。

大蒜,亦称胡蒜、葫,是蒜类植物的统称,半年生草本植物,百合科葱属,秦汉时从西域传入中国。春、夏采收茎叶,6月叶枯时采挖根球(大蒜头)。蒜头呈扁球形或短圆锥形,外面有灰白色或淡棕色膜质鳞皮,剥去鳞叶,内有6~10个蒜瓣,轮生于花茎的周围,茎基部盘状,生有多数须根。每一蒜瓣外包薄膜,剥去薄膜,即见白色、肥厚多汁的鳞片。蒜头有浓烈的蒜辣气,味辛辣,有刺激性气味,可食用或供调味,亦可入药。

大蒜按照水分含量不同分为鲜蒜和干蒜。鲜蒜多指蒜苗或蒜叶,干蒜多指蒜头。蒜苗或蒜叶含大量叶绿素,通常可直接炒制,为蔬菜无疑;蒜头之蒜瓣,不含叶绿素,一般作为调味品而与其他品类的食材搭配烹饪。但与花椒、八角等调味品不同的是,其会因地方菜系对其应用程度或食客口味不同而在菜肴中的施放量悬殊较大,且其具有调味、食用双重功用,即便作为调味品入菜亦可直接食用,故非被保险人申某所称"大蒜同花椒、大料一样只是普通调味品"。但即便如此,蒜头也不能独立成为菜品,而须与其他品类的食材搭配烹饪,俗称"搭料";其在一道菜肴中比重再大,也不会超过其他菜类而唱主角(可独立成为小菜的腌蒜已为工业产品,不再是蔬菜,充其量为蔬菜制品,何况佐餐的小菜非人们所认为的一道正宗菜品)。就此而言,蒜苗或蒜叶固然可以"与芹菜、胡萝卜、白菜、茄子、西红柿、黄瓜和食用菌等这些食材"同视"为蔬菜",然作为干蒜的蒜头在日常生活中则不应被界定为蔬菜。周庆元先生对鲜蒜、干蒜不加区别,笼统地认为"大蒜可以做菜,也是蔬菜的一种,将之归属蔬菜应当没有争议",是不妥当的。

(二)《国内公路货物运输定额保险条款》将蔬菜排除在可保标的之外的目的是什么?

重构文本,还原条款本来意图。

从目的解释的原则来看,保险条款之所以规定"蔬菜、水果、活牲畜、禽鱼类和其他动物不在保险货物范围以内",是因为蔬菜、水果经常发生挤碎而容易腐烂变质,如以普通货物运输保险均承保风险太大,不能发挥保险分散风险的目的,需分别投保碰损险、活牲畜、活家禽死亡险、冷藏货物特别险方能获得充分的保障。①

货物运输保险附加普通鲜活货物保险,是指以各种交通运输工具承运普通鲜活货为保险标的物,在常温条件下运输,除了因受自然灾害或意外事故造成短少的损失,还包括腐烂、变质和死亡的损失,均可获得保险经济补偿的一种特约附加险种。人们习惯上所称的普通鲜活货物,其范围是十分广泛的,它包括普通鲜货和普通活货。普通鲜货,泛指具有国家颁定的新鲜质量测定的等级标准的

① 李道蜂、李智保.保险合同纠纷代理词[J/OL].http://www.fabang.com/a/20140417/647031.html.2014-04-17.

生物和食物;普通活货,泛指具有生命活力和健康等级标准的普通动物。货物运输保险附加普通鲜活货物保险,对可承保的普通鲜活货物以罗列方式规定其范围,目前仅指鲜果、蔬菜类、鲜蛋、家禽、牲畜、普通动物、苗禽、水产品、金鱼等。这一附加险种,在国际保险业中具有国际惯例,其特点在于除外责任、被保险人义务的特别规定和实行绝对免赔率等三个方面,都具有国际惯例性质。除外责任的明确规定主要有:被保险人或托运人(包括押运人)的故意行为、失职或违反鲜活货物运输规定。被保险人义务的特别规定主要有:在运输过程中,被保险人(包括押运人)有进行安全防损和保鲜工作的义务;保险货物运抵目的地,被保险人应及时提货;当发现保险货物有损,被保险人应迅速采取合理施救措施以防止或减少损失扩大;保险货物受损后在卸离运输工具 24 小时内,被保险人当向当地保险公司报案,并会同检验查勘;被保险人向保险公司提出索赔,除了按货物运输保险出险索赔的常规所要提供的单证外,还须提供检疫证明原件。实行绝对免赔率,则按标的物的易损程度,规定了 4 个档次。鲜活货物一般在正常运输中,都会有正常途耗。①

由此可见,蔬菜之所以被排除在《国内公路货物运输定额保险条款》可保标的范围之外,乃因其具有易腐烂变质之风险,须特定附加保险予以保障。

该案中,蒜头为干蒜,非《国内公路货物运输定额保险条款》旨在排除的易腐烂变质的蔬菜,不应归于蔬菜之列。

(三)本案出险原因非因所载货物性质所引起

该案中,申某所投保的公路货物运输定额保险系一定期保险,被保险人对保单约定时间段内所承运的所有货物之约定运输风险均缴纳了保险费。该案出险原因系车辆线路老化发生火灾,与所载货物的性质无关;被燃物亦未因是大蒜头而致保险事故性质变异。换言之,若保险车辆装载的是其他物品,同样会发生保险事故——从公平原则的角度看,保险人以所载货物性质拒赔亦无正当理由。

由该案,笔者回想起 20 世纪 80 年代中叶,笔者以普通的货物运输保险条款承保一笔火车运输活鸭之往事。办理业务时,笔者明确告知投保人并同时在保险单上批注:①若发生条款所指明的保险事故,保险公司就赔,发生其他问题,保险公司一概不赔;②被保险人必须随车照料。所幸该批活鸭安全运抵目的地,被保险人打来电话,既报平安,也表示谢意。当地小报还以“活鸭也可以保险了”为

① 魏原杰、吴申元《中国保险百科全书》,中国发展出版社 1992 年版,第 175 页。

题报道了此事。

附本文开篇所提文章之原文:

从大蒜谈保险条款不利解释条款的运用

原创:周庆元　壹家险法　2018-08-16

一车大蒜着火,保险条款规定蔬菜不属保险范围,保险公司据此不予赔偿。

大蒜究竟是不是蔬菜?

2009年10月,申某购置一辆大货车,在保险公司投保了公路货物运输保险。保险期限自2009年10月29日0时起至2010年10月28日24时止。

2010年7月5日,申某承运24吨大蒜自商河去金乡途中,因线路老化发生火灾,一车大蒜化为灰烬,造成损失3.87万余元。随后,申某赔偿客户货物损失3.87万元后,向保险公司提出了索赔。

保险公司答复,依据《国内公路货物运输定额保险条款》第4条规定:下列货物不在保险货物范围以内:蔬菜、水果、活牲畜、禽鱼类和其他动物。大蒜属于蔬菜,不属赔偿范围。

申某则认为,大蒜同花椒、大料一样只是普通调味品,而不是一般意义上的蔬菜。

法院审理认为:参照中国社会科学院语言研究所词典编辑室编辑的《现代汉语词典》第1207页对蒜作出的如下解释:多年生草本植物,花白色带紫,叶子和花轴嫩时可以做菜;地下鳞茎味道辣,有刺激性气味,可以做调味品,也可入药。据此,法官采信汉语字典中对大蒜是"调味品"的解释,认为,保险公司辩称大蒜是蔬菜,但未提供证明材料,保险条款中也没有对蔬菜的范围做出界定。原告拉载的蒜头即为大蒜的地下鳞茎,所以不是蔬菜,而是调味品,于是对这一公路货物运输保险合同纠纷案作出判决,判决被告保险公司向原告赔偿保险赔偿款。

《中华人民共和国保险法》(以下简称《保险法》)第30条规定:采用保险人提供的格式条款订立的保险合同,保险人与投保人、被保险人或者受益人对合同条款有争议的,应当按照通常理解予以解释。对合同条款有两种以上解释的,人民法院或者仲裁机构应作出有利于保险人和受益人的解释。

该案中,原告所承运的货物为大蒜,"或供调味,亦可入药",食、调、药分别为大蒜的功用之一。功用,是指功能和用处。同一种物质,不同的人在不同的场合，甚至同一人在不同的场合会有不同的功用，因此，笔者认为，不能仅以“功用”来判定某物质的性能，“功用”的判断应以一般人的常用方式为判断标准，谓之“通常理解”。大蒜为百合科葱属，与芹菜、胡萝卜、白菜、茄子、西红柿、黄瓜、辣椒和食用菌等食材同为蔬菜之一种，此应为一般人的“通用理解”。但若该案中申某是为某药材公司，或者为调味料生产厂家承运大蒜，为特定目的承运，此时可以“药用功用”“调味功用”来判断大蒜的性质。

《中华人民共和国合同法》(以下简称《合同法》)第125条第1款规定了合同一般解释原则，“当事人对合同条款的理解有争议的，应当按照合同所使用的词句、合同的有关条款、合同的目的、交易习惯以及诚实信用原则，确定该条款的真实意思”。即所谓文义解释、体系解释、目的解释、习惯解释和诚信解释，以文义解释优先。《合同法》第41条针对格式合同确定了专门的解释方法，“对格式条款的理解发生争议的，应当按照通常理解予以解释。对格式条款有两种以上解释的，应当作出不利于提供格式条款一方的解释”。这属于强制性规定，是不允许当事人以约定排除其适用。也就是说当且仅当对格式条款的理解发生争议时，在按照“通常理解”之后仍有两种以上解释的，才作出不利于提供格式条款一方的解释。

《保险法》第30条中“对合同条款有争议”，是指对保险人提供的格式合同条款的内容理解上的“歧义”争议。结合该案，也就是对“蔬菜”的理解是否有歧义。蔬菜是指可以做菜、烹饪成为食品的一类植物或菌类，大蒜可以做菜，也是蔬菜的一种，将之归属蔬菜应当没有争议。

公估报告在诉讼中的法律地位及解决路径

孙晓蕾*

摘要:随着保险市场的不断成熟,对于保险事故的认定,越来越向着专业化方向发展。某些保险事故的原因、性质与损失程度,单纯依据生活常识与逻辑推理,并不能作出准确的认定,于是,保险公估行业应运而生。目前,在我国相关法律体系中,对于保险公估报告法律属性方面的内容严重缺失,《保险法》中仅第129条对保险公估作了概括性、原则性的规定,但对保险公估报告本身的法律属性仍无明确界定。从司法实践来看,目前在各类保险相关的法律诉讼中,公估报告的效力一直是当事人双方争议的焦点。

关键词:保险公估　证据属性　法律地位

一、保险公估概述

保险公估行业起源于英国,自从1666年英国伦敦大火后,建筑物火灾保险逐渐受到人们的重视。然而保险理赔工作极其复杂烦琐,且具有相当的专业性,当时保险公司的内部雇员难以处理,而且让保险公司内部雇员进行理赔清算,容易招致被保险人的不信任,一旦出现理赔纠纷或雇员道德风险,会打击保险公司的声誉,不利于保险行业的稳定发展。在较长一段时间里,保险公司雇佣专业的工程人员、清算师等技术人员参与理赔工作,并提供有关赔偿数额的建议,其地位相当于保险人的雇员或代理员。直至19世纪初,才出现了独立的"估价人",这类专门的技术人员是现代公估人的雏形。到了19世纪中期,英国防火保险工作委员会认为由保险公司自主决定理赔金额实属不当,于是通过了相关决议,规定保险人理赔前需在提供的"估价人"名单中挑选,雇佣其为独立估价人,保证理

* 作者简介:孙晓蕾,中国人民财产保险股份有限公司威海市分公司法律岗。

赔工作的公平公正，这一决议沿袭下来成为现代公估制度的起源。

目前学界对保险公估基本的定义是：在保险事故发生后，由保险人或（和）被保险人委托有资质的公估机构对保险事故进行评估和鉴定后出具的书面文件，是保险公估机构客观反映保险公估过程和结论的载体，是保险公估从业人员在展开勘查、鉴定、评估等工作的基础上出产的最终产品，是全面向委托人展现公估工作的公正性的文件。①

二、保险公估报告的证据属性

公估报告，在诉讼中无疑是作为一种民事证据而存在的。根据《中华人民共和国民事诉讼法》第63条②，所列证据种类分为8种：当事人的陈述；书证；物证；视听资料电子数据；证人证言；鉴定意见；勘验笔录。公估报告属于哪一类，一直颇有争议。对于公估报告证据属性及其效力的争论，往往是源于保险理赔纠纷当事人及公估人三方的利益冲突，委托方多主张公估报告为鉴定意见，以增强其举证证据的证明力，而非委托方则主张为证人证言，以对证明力进行削减。对于保险公估人而言，则是不断谋求自身法律地位，保险公估人内部一直有身为“法定”鉴定主体的自我认识，向司法部门证明保险公估自身的“证据公信力”，想方设法参与保险裁判，以拓宽业务。在这种对于证据属性、证据效力认定众说纷纭的情况下，需要出台相关的法律法规或司法解释，以规范其法律地位。

（一）公估报告并不具备证人证言的属性

有人认为，公估报告是证人证言的一种，或是将证人证言作为公估报告的兜底分类属性，笔者在此处持质疑态度，这无疑是对公估报告的一种过分谦抑的“降格”。证人证言是证据的一种，是证人就自己所知道的案件情况向法院或侦查机关所作的陈述。首先，公估报告是在事故发生后作出的，公估机构的勘察人员对事故之后的损害结果作量化评估，不是对当时发生的保险事故作出的描述，故不能作为证人证言；且公估人员因其专业性，并不是简单地认定事实，若加上“在诉讼活动中”的前提，其与司法鉴定是有极大的重合。保监会曾在对重庆高级人民法院关于保险公估报告相关问题的答复函中指出，“对于保险公估公司接受当事人一方委托所作的相关鉴定结论，当事人如有异议，属于事实认定范畴，

---

① 聂华元《保险公估报告的法律性质和证据效力》，《浙江省2011年保险法学学术年会论文集》。

② 江伟《民事诉讼法》，中国人民大学出版社2013年版。

应由法院作出调查认定”①,将公估报告的证据效力提高到了“事实认定范畴”这一高度,但诉讼法层面对此的认定还是“首鼠两端”,不得不说是一种遗憾。亦有人提出,若该保险事故本身具有持续性的特点,如对环境污染的理赔,损害还在持续发生,保险事故已经发生但未结束,需公估机构作出评估,既是对已经发生的损害和未来损害的评估,亦是对现时损害的描述,这种情况下是可以作为证人证言的一种的,对于此种特例笔者持赞同态度。

(二)公估报告的外观和实质——“无名分”的鉴定意见

从公估报告的形式外观来看,它是作为一种鉴定意见存在的,但是,目前保险公估机构在司法实务中,处于一种尴尬的地位,原因是另有保险司法鉴定机构的存在,保险公估机构与其相比更像是一个“私生子”,名不正言不顺,究其原因,是二者的本质不同。司法鉴定机构是审核成立的专门机关,而保险公估机构的本质是商业化的产物,是保险行业衍生的服务产业。司法鉴定在其实施的主体上,得到了法律上的“名分”,成为三大诉讼法规定的证据类型,而公估报告作为一种技术性报告,从其来源看,除非是极少数获得了鉴定资格的公估机构外,其余无鉴定资格机构出具的公估报告显然在法律上的公信力不足。同时,司法鉴定遵循的法定程序和要求,比公估报告更为严格、具体、规范,同时对司法鉴定人员的相关监管也更为严格,相较之下,公估报告的证据效力难以令法院取信,这一点在裁判实践中多有体现。最后,保险公估行业究其本质,是为保险行业服务的,接受保险公司委托进行公估服务,明面上虽是独立第三方,但为保证其收入、业务来源等,在公估时难免会对委托方有所偏向。

《中华人民共和国保险法》(以下简称《保险法》)第129条规定:“保险活动当事人可以委托保险公估机构等依法设立的独立评估机构或者具有相关专业知识的人员,对保险事故进行评估和鉴定。”此法条通常被公估业内人士援引,认为公估机构具有《保险法》规定的鉴定意见的性质。而《全国人民代表大会常务委员会关于司法鉴定管理问题的决定》第1条对司法鉴定进行过明确定义:司法鉴定是指在诉讼活动中鉴定人运用科学技术或者专门知识对诉讼涉及的专门性问题进行鉴别和判断并提供鉴定意见的活动;第3条规定:“国务院司法行政部门主管全国鉴定人和鉴定机构的登记管理工作。省级人民政府司法行政部门依照本决定的规定,负责对鉴定人和鉴定机构的登记、名册编制和公告。”说明保险公估

① 聂华元《保险公估报告的法律性质和证据效力》,《浙江省2011年保险法学学术年会论文集》。

机构需要有法定资质，才能被视为司法鉴定意见。总的来说，不具备法定资质的公估机构作出的公估报告，其证明力明显弱于保险司法鉴定意见，公估报告虽具备鉴定意见之形式外观和内容实质，却无司法鉴定意见的法定之名分。

三、从司法实践上看公估报告的效力

在保险赔偿案例中，保险公估报告往往是当事人一方认定损失定额的依据，委托一方多数为保险公司，通常以保险公估报告确定理赔数额。但是，目前法院对于保险公估报告的采纳率并不高，费心作出的公估报告经常变成了毫无用处的一沓废纸，这无疑是给保险公估业内人士泼了一大桶凉水。下列挑选的几个典型案例，可以具体说明公估报告在诉讼中的效力。

判例一：在(2015)开民初字第1179号判决中，原告常树军与被告中国人民财产保险股份有限公司唐山市曹妃甸支公司（以下简称“保险公司”）财产保险合同纠纷一案中，被告保险公司辩称冀B×××××号、冀B×××××号两辆机动车的公估报告不是有效报告，第三页应有当事人签字才能生效，而两份报告的委托人均未签字，该报告不能作为有效证据使用，且公估报告系原告方单方委托，公估数额过高。后被告提交一份自行委托的公估报告，主张原告车辆损失65680元、三者车辆损失14050元。河北省唐山市开平区人民法院认为河北宝信通保险公估有限公司进行机动车损鉴定系其合法的经营范围，其公估人员均具有合法的执业资质，被告未提供明确的法律依据佐证公估报告的委托程序存在违法性，故上述两份公估报告的车损结果可以作为认定原告、三者实际财产损失的依据，而被告提交的公估报告系被告作为赔偿义务主体委托评估机构对双方事故车辆进行的车损公估，且该公估报告仅根据被告保险公司提交的事故车辆的局部照片作出相应结论，系依据不足，故对被告的辩称意见法院不予采纳。①

判例二：在(2015)长民初字第72号判决中，原告为支持其诉讼请求，提交了公估报告书，证明肇事车辆的车损数额，而被告质证称，对原告单方委托公估公司进行评估，没有与保险人共同确定，且报告中的照片对同一部件的照片有不同时间拍摄的，提交以下证据：①河北圣源祥保险公估有限公司的证明，证明原告提交的公估报告不是圣源祥公司的行为；②河北斯格欧保险公估有限公司出具的公估报告，证明原告车辆损失情况，原告陈光质证称，我方提交的公估报告是

① 裁判文书网，(2015)开民初字第1179号。

交警队委托的，公估报告是圣源祥出具的，在2014年6月25日圣源祥向法院出具保险公估报告说明，证实该公估中的损失项目属实，价格依据4S店的标准，故车辆损失应以圣源祥公司出具的公估报告为准。①

经审理查明，2013年12月14日河北圣源祥保险公估有限公司向石家庄市公安局长安分局河东刑警队出具证明载明："经公司核实，该案件王保志、柴培兴不知该案件所有处理情况。"

石家庄市长安区人民法院认为，关于原告车辆的损失情况，双方均提交了公估报告，但原告提交的圣源祥公司出具的公估报告中署名的公估师柴培兴，并不知晓本案车辆的处理情况，且报告出具的程序违法，对此报告法院不予认可，故采纳被告方的公估报告。

判例三：在最高人民法院(2011)民提字第12号案件中，最高法院根据《中华人民共和国消防法》第51条的规定，以及公安部于2009年4月颁发的《火灾事故调查规定》第5条的规定："火灾事故调查和处理的唯一法定机构是公安消防机构，除此之外，其他任何单位和部门均无权、无资质、无能力对火灾事故进行调查和处理。"对上海悦之保险公估有限公司出具的《公估报告》、广州海正保险公估有限公司出具的《检验报告》等证据，作出了不予认可的认定。原因是出具报告的机构及其鉴定、检验人员均不具有从事火灾事故原因鉴定的资质或资格，违反了国家有关火灾事故鉴定及处理的强制性规定，且其鉴定和检验人员均不具备火灾鉴定及船舶、汽车电器等方面的专业知识。对于上述鉴定、检验和公估报告的证据效力，不予认定；对其所作出的火灾原因认定，不予采信。②

关于涉案火灾损失认定的问题，广州海正保险公估有限公司出具的《检验报告》证明受损车辆的损失金额应为4566500元，但该检验机构与委托人中远公司存在利害关系。其在报告上署名的检验人员蔡兆春当时不具有检验或公估资格，且其拒绝在法庭笔录上签字。因此，对于该检验报告，不予采信。

判例四：在河北省唐山市路北区人民法院(2015)北民初字第2302号案中，被告平安财险唐山中支辩称，原告所依据的公估报告存在瑕疵，未通知保险人共同勘验定损，对此被告已申请重新鉴定；2015年4月19日，原告委托河北宝信通保险公估有限公司对冀B×××××号车辆损失进行评估，2015年5月5日，该公司出具公估报告书，冀B×××××号车辆的损失为98000元(其中更换配件

① 裁判文书网，(2015)长民初字第72号。

② 裁判文书网，(2011)民提字第12号案件。

金额 92725 元、维修金额 5850 元、残值 575 元)。因本次事故,原告支付公估费 2940 元、施救费 200 元。

法院认为,被告平安财险唐山中支对原告提交的公估报告提出异议,河北宝信通保险公估有限公司公估人员于 2015 年 6 月 30 日到庭接受质询,该公估人员对被告的提问均给予了合理解答,故法院对该份公估报告予以采信,但公估人员未能对公估报告中残值扣除的计算方法给予合理解释,故酌定对公估报告中的配件损失再扣除残值 9273 元。被告未能向法庭提交足以反驳公估结论的证据,故对被告要求重新鉴定的申请法院不予准许。①

判例五:在(2015)新民初字第 279 号一案中,原告杨蕾诉称,2014 年 12 月 28 日 10 时许,原告驾驶的冀 F×××××轿车行驶至满城县茂山村内公路因操作不当发生单方交通事故,造成车辆受损。事故发生后,原告河北信德保险公估有限公司对冀 F×××××轿车损失进行公估,被告对原告车辆损失公估报告提出异议,向本院书面申请鉴定。经原、被告共同委托重新公估,河北宝信通公估有限公司出具公估报告证明原告冀 F×××××车损 90000 元,花费公估费 6300 元。原告为了证明本次事故冀 F×××××的车辆损失,提交了河北信德保险公估有限公司车损公估报告书,被告也提交河北盛衡保险公估有限公司公估一份报告,被告以原告单方委托为由提出重新鉴定申请。经原、被告共同委托重新公估,河北宝信通公估有限公司出具公估报告证明原告冀 F×××××车损 90000 元,该公估报告是原、被告双方共同委托做出的,法院依法予以确认。②

综合以上几个保险赔偿案例,不难发现目前司法实践界对于保险公估报告的证据效力认定态度,主要有以下 3 个方面。

1. 单方委托及双方委托问题

保险公估委托如由其中一方当事人提出委托,而其中一方当事人表示异议的话,法院一般不予采纳。根据最高人民法院《关于民事诉讼证据的若干规定》第 28 条的规定,一方当事人自行委托有关部门作出的鉴定结论,另一方当事人有证据足以反驳并申请重新鉴定的,人民法院应予准许。这里明确规定了单方委托条件下的公估报告,在受到对方有证据的合理怀疑时,会被法院质疑并要求重新鉴定,或根据实际情况,采纳另一方当事人提交的无瑕疵的公估报告。中国保监会曾在答复重庆市高级人民法院关于咨询保险合同纠纷案件有关问题的函

① 裁判文书网,(2015)北民初字第 2302 号。

② 裁判文书网,(2015)新民初字第 279 号。

(〔2005〕渝高法民终字第174号)时,关于保险公估鉴定的认定,也曾指出“对于保险公估公司接受当事人一方委托所作的相关鉴定结论,当事人如有异议,属于事实认定范畴,应由法院作出调查认定”。如判例一、二、三、四中,原被告均提交公估报告,对对方提交的公估报告均提出异议,此时法院经调查认定并对双方的公估人进行质询后,要么是采纳其中一方无瑕疵的公估报告,要么是作出重新委托鉴定的裁判意见。如判例五,双方在对对方的公估报告提出异议后,又共同委托了新的公估机构作出报告,对共同委托的公估报告,经双方确认后法院一般情况下会予以确定。

2. 公估人员资格瑕疵、程序违法等问题

如在判例二、三中,“原告提交的圣源祥公司出具的公估报告中署名的公估师柴培兴并不知晓本案车辆的处理情况且报告出具的程序违法”“检验机构与中远公司存在利害关系。其在报告上署名的检验人员蔡兆春当时不具有检验或公估资格,且其拒绝在法庭笔录上签字”,凡在公估程序上出现了诸如公估机构或人员不具备相应资格、具有利害关系、未签字署名等重大瑕疵,法院会视其为违反法定程序而不予采信。

3. 公估报告内容瑕疵

如判例一、四中出现的“该公估报告仅根据被告保险公司提交的事故车辆的局部照片作出相应结论,系依据不足”“公估人员未能对公估报告中残值扣除的计算方法给予合理解释,故酌定对公估报告中的配件损失再扣除残值9273元”,即使在程序上无重大瑕疵,但法院亦会审核其公估报告的实质性内容是否合理,并作出酌定的修正。

四、提升公估报告采信率的建议

综合前文所述,公估报告在司法实践中,具有一定的参考性作用,它作为证据的法律效力地位受到了法院自由裁量的约束,无论是在程序还是内容上皆是如此。公估行业为谋求自身发展,不断地瞄准司法鉴定这一块“蛋糕”,削尖了脑袋想要获得司法鉴定资格,提升其证据效力以获得更多的业务。本文从实践的角度提出几点建议,以切实提升公估报告在司法实践中的采信率。

(1)尽量争取双方共同委托,以减少当事人对公估报告的异议。

(2)规范公估的程序,减少公估过程中的程序瑕疵。

(3)在公估报告的内容上,务必做到详实、严谨,且注意收集相关证据材料,以对公估报告进行辅证。

(4)严格按照法律规定,完善对公估机构和公估人员的监管,减少违规现象,才能强化公估机构作为独立第三方的地位,法院对公估方的怀疑才能降低。

(5)积极获取司法鉴定资质,并努力扩展和加深公估人员的业务能力。

五、总结

公估机构的实质是保险行业中的中介服务机构,保险公估机构要生存和发展,需要保持自身独立第三方的地位,同时加强与保险公司的合作,亦要接受保监会的监管,同时也需要法院判决对其公估报告的认可,这是一个需要多方逢源的角色。借用经济学上的比喻,委托人给予了公估报告"价格",而法院判决给予了公估报告"价值"。本文论述的是公估报告在诉讼中"价值"的表现形式、赋予要件、贬损可能和相应的保值方法,以期业界更重视公估报告在诉讼中发挥的证据作用,完善程序,减少瑕疵,赋予公估报告相应的证据地位,以确保其"名分"。

参考文献

[1] 彭晓燕.保险公估人的法律地位研究[J].湖南科技学院学报,2009(6).

[2] 王建南.我国中小保险公估机构发展战略研究[D].泉州:华侨大学,2014.

[3] 吴小平.保险原理与实务[M].北京:中国金融出版杜,2002:750.

[4] 万剑飞,吴丹.保险公估报告的法律地位[C].浙江省2013年保险法学学术年会论文集,2013.

[5] 赵春梅,杨文明,朱航等.中国保险公估行业研究报告[T].保险研究,2008(7).

[6] 汪晖.诉前公估报告对保险当事人不产生必然约束力,http://rmfyb.chinacourt.orb/pa-per/html/2010OS/06/content-8616. htm,访问日期2018-09-5.

[7] 王晓江.关于诉讼中保险公估机构的法律地位,http://finance.sine.tom.cn/money/insurante/bxsd/20061208/14003148015.shtml,访问日期2018-09-05.

行驶证未年检的免责条款效力问题研究

侯　飞*

摘要:保险合同纠纷案件中,行驶证未年检免责条款效力问题,一直是司法界争议的焦点问题。保险公司往往在保险条款中约定“发生保险事故时保险机动车未按规定检验或检验不合格的,保险人不承担保险责任”等,对此各地法院判决不尽相同。

关键词:保险事故　免责条款　行驶证年检　提示与说明义务

一、实证案例

2016年6月,王某将车辆行驶证及保险费交给保险公司的保险代理人曹某并办理了车辆保险,行驶证载明验收合格至2016年1月。曹某承认明知王某车辆没有年检,也没有向王某详细说明免责条款内容及法律后果。王某在投保声明单上签字确认。后保险期间内投保车辆出险,经交警部门委托鉴定该车辆属于合格车辆,保险公司以车辆未年检为由拒赔。王某遂诉至法院。

一审法院认为,保险公司保险代理人明知车辆没有年检,也没有向投保人详细说明免责条款内容及法律后果,应认定其未尽明确说明义务,判决免责条款不产生法律效力。保险公司不服提起上诉。

二审法院认为,投保人在投保单上签字确认的事实可以证明,保险人对免责条款履行了明确说明义务,投保人对该免责条款内容已理解,遂判决撤销一审判决,驳回王某的诉讼请求。宣判后,王某不服,申请再审。

再审法院认为,保险人明知保险标的已经出现保险条款规定的免责理由,仍

---

* 作者简介:侯飞,山东和安律师事务所律师。

接受投保并收取保险费，应视为保险人对该免责条款抗辩之弃权。保险人既然已放弃其在合同中的该权利，以后就不得再向被保险人主张此权利，否则有违诚信原则。遂作出再审判决，撤销原二审判决，维持原一审判决。

二、本案争议焦点

第一，保险公司就未经年检的机动车订立保险合同，保险期间内发生保险事故，保险公司以“发生保险事故时保险机动车未按规定检验或检验不合格的，保险人不承担保险责任”的免责条款为之拒赔，是否应得到支持？

第二，在保险合同纠纷案的司法实践中，保险人通常会提供“投保人声明及签章”作为其已经履行明确说明义务的证据，如保险人在统一印制的投保单中设置投保人声明栏，写明“保险人对该投保险种所对应的全部保险条款，特别是其中的免责条款已经向本人进行明确说明，本人对其内容的真实含义及法律后果已经了解，愿意投保”等，投保人签字或盖章是否认定保险公司已经对免责条款履行了明确说明义务？保险公司保险代理人已表明没有向投保人详细说明免责条款内容及法律后果，但投保人王某在投保声明单上签字确认，免责条款是否有效？

三、本案裁判意见之争

第一种观点，认为未经年检车辆发生保险事故，根据保险条款约定，保险人不应承担赔偿责任，该案中投保人王某在投保单签字，视为保险人对免责条款履行了明确说明义务，投保人对该免责条款内容已理解，保险公司不应承担赔偿责任。

首先，保险合同是商事行为，应遵循商事主体自治原则，机动车是否按照规定检验或检验不合格，直接影响保险人的承保风险，保险公司以“机动车未按照规定检验或者检验不合格”为免责条款，体现了商事自治原则。其次，既然商业险保险合同约定“机动车发生保险事故时未按照规定检验或检验不合格，保险人不承担赔偿责任”，且投保人在投保单签字，即便保险代理人未将该条款尽到提示说明义务，该条款亦应发生法律效力。投保人作为完全民事行为能力人应确保对其签字内容的理解，若投保人在保单的签字不能证明保险公司尽到提示说明义务，势必加大保险公司在诉讼中的举证难度。

第二种观点，保险人明知保险车辆已过年检有效期，仍接受投保并收取保费，应视为保险公司对免责条款抗辩之弃权。同时，虽然投保人在保单上签字，但因保险经纪人未对该条款的概念、内容及法律后果向投保人做出解释，应当认定保险人没有完全履行法律规定的明确说明法定义务。

保险活动的当事人行使权利、履行义务应遵守诚实信用原则,保险合同对诚实信用原则的要求甚至远远大于其他合同。实践中,保险人与投保人在签订保险合同时,保险人往往比投保人更有优势,诚实信用原则对保险人的要求应更为严格。保险人在接到投保申请后,需对保险标的情况进行尽可能的了解,并以此作为是否接受投保的依据。保险人知道或者应该知道投保人存在违反法定或者约定的行为仍交付保险单并收取保险费,发生保险事故时,保险人仍应承担赔偿或给付保险金的责任。

同时,保险人对免责条款的提示说明义务不应停留在是否"明确说明"的形式判断上,而应从实质意义上有效地诠释保险人对免责条款是否尽到法定提示说明义务。

第三种观点认为,机动车未按照规定检验并非是事故发生的原因,且定期检验是国家行政管理职能,并不影响行驶证的效力,保险公司将车辆未能按期有效年检作为免责条款加重投保人义务、减轻保险人责任,根据法律规定,该条款不发生法律效力,保险人是否尽到提示说明义务并不影响该条款效力。

机动车未按期检验并不当然影响行驶证的效力。车辆年检是行政管理职能的体现,属于管理性强制规范,并非效力性强制规范。机动车未按期检验并非当然地成为保险事故的近因,对于逾期未按规定进行安全状况检验的机动车辆发生事故的情况,不能以是否按期检验作为判断保险人是否免责的标准,而应综合考虑发生事故的原因。同时,《中华人民共和国合同法》(以下简称《合同法》)第40条规定"提供格式条款的一方免除其责任、加重对方责任、排除对方主要权利的,该条款无效",该案中事故原因并非车辆未年检,且事故发生时车辆处于合格状态,未增加保险人风险。车辆年检本是行政管理行为,与民事赔偿无关,保险公司以该条款拒绝承担赔偿责任,明显减轻保险公司保险义务,加重投保人责任,依据上述法律规定,应认定该免责条款为无效条款。

四、"机动车未年检或检验不合格"的免责条款效力,应从事故近因、说明提示义务及车辆投保情况综合分析

该案中,保险人明知保险车辆已过年检有效期却继续承保,而保险合同条款规定此事由为免责事由。对该免除保险人责任条款效力的判断,一、二审法院仅停留在是否"明确说明"的形式判断上,再审从实质意义上,一定程度地诠释了该

争议，但因判决书形式的局限，就该条款的效力问题并未进行全面、深入分析，现本文试从事故近因、说明提示义务及车辆投保情况进行分析。

（一）保险事故发生时，车辆是合格状态，保险合同条款中“机动车未按照规定检验或检验不合格，不承担赔偿”的免责条款应为无效条款

1. 机动车未按期检验并不当然影响行驶证的效力

首先，我国对机动车强制性定期检验，是国家行政管理职能的体现，属于管理性强制规范，并非效力性强制规范，如果车辆未按期接受检验而行驶，其所有人或驾驶人会受到行政处罚。其次，行驶证未按期年检承担的是行政法律责任，而非民商事法律责任。再次，即便行驶证过期也不当然认为是无证驾驶，驾驶证定期审验换证是行政管理的需要，而非发生驾驶资格上的法律效力，无证驾驶一般指的是没有取得机动车辆驾驶资格或虽取得驾驶证但被吊销或被依法撤销的情形。驾驶证过期并不等于没有取得驾驶资格，也不必然导致驾驶证被吊销，驾驶员只要通过了驾驶资格考试，依法取得驾驶资格，未被依法注销驾照，就应认为具有合法的驾驶资格。

2. 机动车未按期检验并非是事故发生的原因，事故发生时，车辆系合格状态，亦未增加保险人的承运风险

在现实中，客观存在未及时按期检验而上路行驶，但车辆的安全技术状况正常的情况，其并不因此导致风险的增加；也有虽在检验有效期，行驶证合法有效，但车辆技术性能已不正常，风险发生的概率已增加。因此，对逾期未按规定进行安全状况检验的机动车辆发生事故，不能以是否按期检验作为判断保险人是否免责的标准，而应以发生事故时的车辆实际技术状况为依据。该案未发生投保人不具有驾驶资格的情形，也未发生车辆实际技术状况不正常的事实，因此，保险公司以车辆未年检而上路行驶发生事故而拒赔的理由不能成立。

3. 根据《合同法》第 40 条规定，保险公司提供的“机动车未按照规定检验或检验不合格，不承担赔偿责任”格式条款，免除保险人的赔偿责任，加重投保人的义务，该条款应为无效条款

保险合同的订立虽为商事行为，但因合同条款系保险公司单方拟定，当双方发生争议时，我们应根据权利义务对等原则，对保险条款尤其是免责条款作出慎重、公平的诠释。该案中，事故原因并非车辆未年检，且事故发生时车辆处于合格状态，未增加保险人保险风险。另，车辆年检本是行政管理行为，与民事赔偿无关，保险公司以该条款拒绝承担赔偿责任，明显减轻保险公司保险义务，加重

投保人责任,排除投保人获得理赔的主要权利。根据《合同法》第40条规定"提供格式条款的一方免除其责任、加重对方责任、排除对方主要权利的,该条款无效",故,上述保险公司提供的免责条款在本案中系无效条款,不发生法律效力。

(二)该案中保险公司对"机动车未按照规定检验或检验不合格,不承担赔偿责任"的免责条款未尽到法定提示说明义务

首先,"免除保险人责任条款"效力认定不能仅限于是否"明确说明"的形式标准,更要注重内容是否公平合理的实质标准。《保险法》第17条规定,被告在订立合同时应对免责内容在投保单、保险单或者其他保险凭证上作出足以引起投保人注意的提示,并对免责条款具体内容以书面或者口头形式向投保人作出明确说明。保险人说明义务的法理基础主要是最大诚信原则和当事人合意之客观要求。保险合同内容完全由保险人单方拟定,其具有极强的专业性、技术性和复杂性,只有通过保险人不欺骗和不隐瞒的说明,投保人才可以了解其专业术语的真实含义,从而作出选择,实现意思自治。

其次,司法实践中,免除保险人责任条款说明义务的履行应坚持实质判断标准,并结合形式判断标准综合考量。保险人说明义务理论上可以区分形式判断标准和实质判断标准。形式判断标准就是要以保险人提供履行明确说明义务的客观性证据进行判断;实质判断标准是指以投保人对免除责任条款的真实含义的理解为基准进行判断。然而不同的法官会因对"实质判断标准"的理解差异而对同一事实作出相异判断,不利于司法裁判的稳定性与一致性,因此法官在裁判时有必要结合形式判断标准综合考量。

该案中,保险人提供了"投保人声明及签章"作为其已经履行明确说明义务的证据,能否认定其已履行了明确说明义务?本文认为,在判断投保人声明及签章的证据效力时,应综合考虑免责条款内容的通俗程度、条款性质、投保人能力等因素,将实质判断标准与客观性证据的形式判断标准结合来认定其证据效力。如果"投保人声明"未明确指出何条款是免除保险人责任的条款,也未明确写明相关概念、内容以及法律后果,并不能当然地认定保险人已尽明确说明义务。该案即如此。

(三)该案中,保险人对明知未年检的车辆而承保,视为放弃该免责抗辩权,该免责条款无效

首先,保险合同的特殊性衍生出了最大诚信原则,最大诚信原则对保险人的要求主要是弃言和禁止反言。保险人在接收到保险申请后,应对保险标的的情

况进行尽可能详尽的了解，并据此作出是否承保的决定。该案中，保险公司系已明知王某的车辆已过年检有效期，不在理赔范围，却认可并承保，应视为保险公司对该免责条款抗辩之弃权。同时，保险人接受投保申请也表明其有实现合同之目的，其拒赔行为则与合同目的行为自相矛盾，进一步反映出了保险人不诚信的心态，故，保险公司对免责条款的抗辩，应视为无效。

其次，用保险的禁止反言原则也可以对此类行为作出诠释和判断。禁止反言是指保险人知道或应当知道因被保险人虚假陈述或者违反保证条件时可以撤销合同或对索赔提出抗辩时，明示或默示地向不知道保险合同有瑕疵的被保险人表明，保险合同是可以履行的，且被保险人因信赖保险人的行为而遭受某些损害，则保险人不得以此等事由对被保险人的请求提出抗辩。该案保险人明知投保人存在保险合同规定的免责事由而承保，就是对该免责条款抗辩之弃权。另外，依据生活经验法则，保险人在明知保险标的不在保险合同规定的理赔范围仍然承保的情况下，定然不会明确地告知投保人此保险标的不符合投保条件，否则投保人就会知道不能实现合同目的而拒绝投保，保险人则失去合同机会，保险代理人的业绩也受影响，而该案没有出现拒绝或延期投保的情形，据此可知保险人关于争议的免责条款已明确说明的抗辩理由背离常理。

结语

随着保险理赔风控意识的加强，保险公司对免责条款形式上的提示说明要求日益完备，但实际上，投保时对其内容尽到提示说明义务的情况少之又少，在此情况下，对免责条款的认定不能仅仅停留在形式表面，更应从实际情况出发，结合近因关系、合同原则等综合考量。该案中，"机动车未年检或检验不合格"的免责条款，减轻投保人的义务，加重投保人的责任，保险人在标的出现免责理由时仍接受保险，视为对免责条款抗辩的放弃，同时，保险人也未对争议的免责条款履行法定的提示说明义务，因而，涉案的免责条款不应发生免赔效力。

参考文献

[1] 张颖璐.车辆逾期未年检，保险公司能否免责[J].中国保险，2017(3).

[2] 黄延梅.关于财产保险合同中机动车未年检的免责条款的效力认定[J].大东方，2016(5).

[3] 福建厦门中院(2009)厦民终字第3680号"王若庆诉都邦财产保险股份有限公司厦门分公司保险合同纠纷案"[J].载《人民司法案例》(201110:82).

[4] 北京二中院(2009)二中民初字第13943号"廖某诉中国人民财产保险股份有限公司北京市丰台支公司财产保险合同案"[J].载《中国审判案例要览》(2010商事:279).

[5] 江苏苏州中院(2008)苏中民二终初字第0608号"陆建华诉湖州保险公司财产保险合同用纠纷案"[J].载《人民法院报 案例指导》20091023(5).

试论法人投保时经办人签字的不必要性

——以鲁达汽运公司诉浙商财险临沂中支公司保险案为例

田仕杰*

摘要:为证实自己已履行提示说明义务,保险人会在投保单中设置投保人声明栏,并要求投保人对声明栏中“本人确认收到保险合同条款,保险人已明确说明免除保险人责任的条款的内容和法律后果”的内容签章确认。当投保人为法人时,仅有投保人加盖公章不足以证实保险人已履行完毕提示说明义务,还需要有具体经办人的签字,但增加具体经办人签字要求,既不合法,又不合理,也无必要,还会损害保险免责制度,使保险合同丧失射幸性。

关键词:说明与提示义务　法人投保　经办人签字

一、案情梗概[①]

临沂鲁达汽车运输有限公司(以下简称鲁达汽运)为其所有的车辆在浙商财产保险股份有限公司临沂中心支公司(以下简称临沂浙商财险)投保商业险,投保险种包括机动车损失险及不计免赔率险等。

保险期间内,鲁达汽运所属驾驶员驾驶被保险车辆行驶至某路段处时发生道路交通事故,造成车损,交通警察大队认定鲁达汽运的驾驶员承担事故的全部责任。

临沂浙商财险主张因鲁达汽运未提供事故发生时驾驶员的从业资格证原

---

* 作者简介:田仕杰,日照市中级人民法院民四庭员额法官。

① 本文所讨论案例的案号,一审为山东省莒县人民法院(2017)鲁 1122 民初 4786 号,二审为山东省日照市中级人民法院(2018)鲁 11 民终 916 号。

件，按照双方保险合同约定，应当免赔，为此其提供机动车损失保险条款、投保单、投保人声明书予以证实。投保人声明栏载明“本人确认收到条款及《机动车综合商业保险免责事项说明书》。保险人已明确说明免除保险人责任的条款的内容和法律后果”，鲁达汽运在投保人签章处盖章，但鲁达汽运主张投保人声明栏中的上述内容系由临沂浙商财险工作人员书写。临沂浙商财险不认可鲁达汽运的主张，但未明确说明鲁达汽运盖章的形成情况。

二、法院判决书要点(节选)

一审法院认为，临沂浙商财险主张因鲁达汽运未提供驾驶员道路货物运输从业资格证，保险公司应当免责，但仅提供加盖鲁达汽运公章的投保单，该投保单无经办人签字，临沂浙商财险又不能提供证实其对免责条款进行明确说明的具体时间、地点、参加人、说明方式、说明内容等，在此情况下仅有鲁达汽运在投保人声明处的盖章不足以证明临沂浙商财险已对免责条款进行了明确说明，相关免责条款不能生效。

一审判决后，临沂浙商财险向日照市中级人民法院提起上诉，请求发回重审或改判上诉人不承担赔偿责任，主张其已履行完毕提示说明义务，免责条款应予适用。

鲁达汽运请求维持一审判决。

二审期间，当事人没有提交新证据。二审查明的案件事实与一审相同。

二审法院认为，本案争议焦点为临沂浙商财险是否已履行完毕提示说明义务。《最高人民法院关于适用〈中华人民共和国保险法〉若干问题的解释(二)》(以下简称《保险法司法解释(二)》)第13条第2款规定：“投保人对保险人履行了符合本解释第十一条第二款要求的明确说明义务在相关文书上签字、盖章或者以其他形式予以确认的，应当认定保险人履行了该项义务。但另有证据证明保险人未履行明确说明义务的除外。”通过以上规定可以看出，当投保人在投保单上的投保人声明栏处签字、盖章时，即应以认定保险人已履行完毕明确说明义务为原则，以投保人能提出证据充分的反证为例外，签章人为投保人而非其他人。该案中，在投保单上有签章权的仅为投保人，即鲁达汽运，能够代表鲁达汽运意志的自然人也仅有鲁达汽运的负责人，因此鲁达汽运在投保单上加盖的公章足以代表其法人意志，而鲁达汽运的经办人无权代表鲁达汽运签章，即使签章也不能产生确认明确说明义务已履行完毕的效力。因此，一审认为法人投保时应有经办人签字不当的情况，在鲁达汽运已在投保单上加盖公章的情况下，应当认定为鲁达汽运已认可临沂浙商财险已向其履行完毕提示说明义务。

三、对案件的评析

保险人为证实其已履行完毕提示说明义务，会在投保单设置投保人声明栏，提前印刷好或者让投保人手写“本人确认收到保险合同条款，保险人已明确说明免除保险人责任的条款的内容和法律后果”的类似内容，然后要求投保人签章。该案一审法院和二审法院的观点之争就在于法人作为投保人投保时，是否还要要求法人的具体经办人也在投保单上签字。

第一种观点认为，法人投保时，不但需要有法人在投保单中签章，还应当有法人的具体经办人在投保单中签字，否则不能证实保险人已确实履行提示说明义务。

该观点认为，我国保险法规定的对保险人提示说明义务履行情况的审查是实质审查，在投保人为自然人时，保险人履行提示说明义务的对象自然是投保人，但是当投保人为法人时，法人作为一种拟制主体，是不可能直接作为保险人履行提示说明义务的对象的，因此必然会出现法人投保时的具体经办人，保险人的提示说明义务实际上是向法人的保险经办人履行。因此，在法人投保时，在保险人对具体经办人履行提示说明义务之后，不但需要法人的签章，还需要有具体经办人的签字，以证实保险人已切实履行提示说明义务。

该观点还认为，因为具体经办人要对自己的签字负责，一旦出现因经办人的疏忽而导致对合同免责条款理解不到位，误导法人签订了可能不会签订的保险合同，具体经办人极有可能要被追责，因此具体经办人为避免此种情况，自然会对保险业务员的提示说明义务更加注意，所以要求具体经办人签字可以起到约束保险人、避免保险人不规范操作的作用。

该观点最主要也是最重要的法律依据是《最高人民法院关于适用〈中华人民共和国民事诉讼法〉的解释》(以下简称《民事诉讼法司法解释》)第115条的规定：“单位向人民法院提出的证明材料，应当由单位负责人及制作证明材料的人员签名或者盖章，并加盖单位印章。该观点认为，通过以上规定可以看出，投保单上需要经办人签字。”

第二种观点认为，法人投保时，保险人为证实已履行完毕提示说明义务，仅需要有法人在投保单中盖章即可。笔者同意该种观点。

第一,我国法律规定的仅是投保人签章即可,并未要求还要有投保人的投保经办人签字。从《保险法司法解释(二)》第13条第2款的规定看,有权签字的仅为投保人,一般情况下投保人签字即应视为其认可了投保单上的投保人声明。另外从该条内容的逻辑来看,"但另有证据证明保险人未履行明确说明义务的除外",该规定将例外情形的举证责任分配给了投保人,也就是说签章即可认定是原则,是一般情况、通常情况、无特别证据的情况,而反证是例外,然而不管是原则还是例外,都没有需要法人的具体经办人签字的含义。

第二,《民事诉讼法司法解释》第115条的内容是规范单位向法院提交证明时的格式要求,而不是规范合同签订行为。《中华人民共和国合同法》第32条规定:"当事人采用合同书形式订立合同的,自双方当事人签字或者盖章时合同成立。"合同法中对于书面合同的签订作出了明确规定,有权签字的仅为合同当事人,经办人是否签字并不能影响当事人签字的效力。保险合同投保单作为双方当事人签字的书面合同,是双方当事人之间为了约定权利义务而形成的书面文件,其出具对象是合同双方,而《民事诉讼法司法解释》第115条所规范的是当事人或者证人为向法院陈述某一事实而提交的证明,二者的使用目的和适用法律并不相同,所以不能以对证明的要求来约束合同的签订方式。

第三,在保险合同中,能对合同的成立或者生效造成影响的仅有合同当事人即投保人和保险人。按照正规流程,保险人的保险业务员履行提示说明义务的对象应当是法人的意思做出机构,比如股东会,自然人对象的话就是法定代表人,或者法人的委托代理人(该处就包括法人内部有权限办理保险业务的职员),但无论向谁履行,最终根据保险人的提示说明做出投保决定的是法人本身。因此,除非有明确的委托授权,否则经办人无权在投保单中签字,即使保险人向具体经办人履行了提示说明义务,也获得了具体经办人的认可,但如果最终法人并未签章追认,则具体经办人的签字也是无效的。当然,也有可能出现表见代理的情况,但形成表见代理的基础仍然在于保险人误以为表见代理人所代表的是投保人的意愿。

第四,具体经办人的签字在约束保险人方面所起的效果有待商榷。在实际操作中,当投保人为法人时,保险业务员的提示说明义务履行对象为法定代表人或者法人委托的有权办理保险的代理人。为了促使保险合同的签订成功,无论提示说明义务的履行对象是谁,保险业务员都会采取各种宣传技巧来着重介绍保险的优势,尽量淡化保险合同的免赔情况带来的对投保人的不利益可能。而目前能针对保险业务员的介绍提出有效意见的自然人投保人或者法人投保人的具体经办人极少，最终导致的结果就是即使法人投保人的具体经办人有足够的责任心去履行自己的审慎义务，但因为不专业，也难以对保险人形成真正、全面的约束。在自然人投保人为自己投保时都难以做到足够审慎的现实状况下，如何能期待一个非专业的、无特别收益的一般经办人尽到超越投保人本人（法人的意思做出机构）的审慎的义务呢？

第五，从工作效率看，提示说明义务履行完毕需有具体经办人签字将给保险合同的签订增加一道新的环节，有悖于商业交易简便高效的要求，降低了保险合同的签订效率。如果投保人只是随手就给某个委托人出具了授权委托书，效率虽高，但经办人签字约束保险人的作用无从谈起；如果投保人会认真慎重地挑选委托人并出具授权书，那么这样做既让投保人感觉到负累，又让保险人的业务推广增加了一道关卡：在投保人签盖法人章、具体经办人签字的同时，还要求具体经办人出示授权范围明确、清晰的授权委托书，甚至要附带身份证复印件等身份证明。

第六，不需要也不应该以经办人签字来证实保险人提示说明义务履行情况的最重要理由，就是如以投保人的经办人签字来证实保险人的提示说明义务履行情况，将导致保险人必然败诉的法律后果。法人投保时，其具体经办人一般都是投保人的员工，如果以具体经办人签字为提示说明义务履行完毕的证明，一旦发生纠纷，保险人就必须积极举证，证实具体经办人为法人投保人有权经办投保事务的工作人员或者特别委托代理人。如果保险人在保险合同签订时能够要求投保人的具体经办人出具代办委托书，则保险人需进一步证实委托书上的代理人与保险合同中的具体经办人系同一人，即使合同签订时投保人的具体经办人出具代办委托书时附带有身份证明，在发生纠纷后，保险人也需要对委托书上的代理人签名、保险合同中的具体经办人签名进行笔迹鉴定，以证实为附带身份证明上的人员所写。但是为了争取自己的利益，法人投保人极有可能隐瞒该代办人确实曾为其员工并办理了该项业务，甚至仍为其在职员工的事实，以不存在该员工为由拒绝提供笔迹鉴定对比样本，则保险人即落入鉴定不能的情况。在提示说明义务履行完毕需有具体经办人签字为证明的前提下，保险人必将败诉，最终也就在实质上导致了免责条款对投保人约束力的失效，保险合同的射幸性丧失。

因此，综合以上几点，笔者认为，法人投保时以具体经办人签字为证实保险人提示说明义务履行情况的证据，既不符合法律规定，又不符合商业交易的高效需求，既增加了投保人和保险人的负累，又不能对合同公平交易产生较大的促进作用，最关键的是将导致免责条款制度的失效，故不具有合法性、合理性和必要性。因此笔者认为，在法人投保时，应该严格遵守《保险法司法解释(二)》第 13 条第 2 款的规定，仅有法人的盖章即可以证实保险人提示说明义务的履行。

一起寿险保单强制执行裁决引发的思考

叶　红*

摘要：我国《保险法》规定，投保人是保险合同的订立者，承担缴纳保险费的义务，同时享有随时解除保险合同并取得保单现金价值的权利，该项权利是投保人的财产性权益。寿险保单在一定条件下，是可以被强制执行的，但在投保人作为被执行人未履行法院判决或仲裁裁决时，法院可以对寿险保单采取强制执行措施，但在执行前法院应当全面了解保单订立与履行状况、区分寿险险种、保单各方利益，判断寿险保单的可执行性，执行中应当平衡各方权益。我国应当完善对寿险保单强制执行方面的立法，建议进一步完善寿险保单强制执行的程序，使法院在下达执行裁定时，有具体明确的法律规范可依。

关键词：寿险保单　现金价值　强制执行

一、案件简介[①]

2013 年 9 月 13 日，滨州市中级人民法院对邹平某实业科技有限公司与山东某光电科技有限公司、韩某、许某追偿权纠纷一案作出民事判决，判令被告山东某光电科技有限公司于本判决生效后十日内偿还原告邹平某实业科技有限公司代偿款 301.24 万元；被告韩某对被告山东某光电科技有限公司就上述债务不能追偿部分承担三分之一的清偿责任；被告许某对被告山东某光电科技有限公司就上述债务不能追偿部分承担三分之一的清偿责任。2014 年 5 月 15 日，滨州市

---

* 作者简介：叶红，医学学士，法学硕士，经济师，济南仲裁委员会仲裁员，现为德华安顾人寿保险有限公司理赔室经理。

① 参见山东省高级人民法院（2016）鲁执复 119 号执行裁定书、滨州市中级人民法院（2015）滨中执异议字第 6 号执行裁定书。

中级人民法院对本案立案执行。

判决执行中,滨州中级人民法院查明,2012年2月23日,被执行人韩某在中国人寿保险股份有限公司滨州分公司(以下简称中国人寿滨州公司)投保人寿保险,险种名称为国寿安欣无忧两全保险(分红型)及附加安欣无忧提前给付重大疾病保险,保单号为20××76,缴费方式为一次性趸交保险费19.9万元,保险期间为6年,投保人与被保险人均为韩某,受益人未指定。国寿安欣无忧两全保险(分红型)利益条款第5条约定了保险人在保险期间内承担给付满期保险金和身故保险金的保险责任,第7条约定了投保人享受红利分配的计算方法及处理方式。滨州市中级人民法院于2014年12月16日作出执行裁定书及协助执行通知书,要求中国人寿滨州公司协助提取被执行人韩某在该公司投保的保单号为20××76保险的现金价值。中国人寿滨州公司不服滨州市中级人民法院作出的执行裁定书及协助执行通知书,提出执行异议,请求撤销执行裁定书及协助执行通知书。

中国人寿滨州公司认为,第一,人寿保单的现金价值不属于投保人的到期收入,执行法院不应直接适用提取程序;第二,人寿保单的现金价值目前不是投保人可供执行的财产性权益,一是保险费缴纳后归保险公司所有,在保险合同解除前不应作为投保人的财产;二是投保人实现其财产性权益是附有期限或条件的,在期限未届满且条件未成就的情况下,投保人不享有相应的财产性权益;三是《中华人民共和国保险法》(以下简称《保险法》)规定保险公司无权单方解除合同,且人民法院在执行程序中强制解除保险合同于法无据;四是人寿保险具有很强的人身依附性,不宜作为强制执行的标的。

滨州市中级人民法院认为,人寿保单的现金价值是由投保人缴纳的保险费、分红收益扣除保险人相关费用后构成的,与投保人缴纳的保险费是不同的概念,根据相关法律规定,投保人在保险事故发生前可以随时解除合同并要求保险人支付保单的现金价值,人寿保险合同及附加合同虽然有人身保障的条款,但其根本性质为财产权,不属于人身权的范畴。因此,被执行人投保的分红型人寿保险的保单现金价值能作为执行的对象。根据《中华人民共和国民事诉讼法》(以下简称《民事诉讼法》)第243条、《最高人民法院关于人民法院执行工作若干问题的规定(试行)》第36条对涉案保单的现金价值进行提取并无不当,驳回异议人中国人寿滨州公司的异议。

中国人寿滨州公司不服,向山东省高级人民法院申请复议。山东省高级人民法院认为，本案的核心问题是：保险单的现金价值是否属于投保人的财产权益，能否作为执行标的；在投保人未解除保险合同情况下，人民法院能否对保险单的现金价值强制执行。第一，本案所涉分红型人寿保险是兼具人身保障和投资理财功能的保险，其虽然是以人的生命和身体为保险标的，但保险单本身具有储蓄性和有价性，其储蓄性和有价性体现在投保人可通过解除保险合同提取保单的现金价值。这种保单的现金价值系基于投保人缴纳的保险费所形成，是投保人依法享有的财产权益，并构成投保人的责任财产。同时，该财产权益在法律性质上并不具有人身依附性和专属性，也不是被执行人及其所扶养家属所必需的生活物品和生活费用，不属于《最高人民法院关于人民法院民事执行中查封、扣押、冻结财产的规定》第 5 条所规定的不得执行的财产。因此，保险单的现金价值依法可以作为强制执行的标的。第二，人民法院的强制执行行为在性质上就是替代被执行人对其所享有的财产权益进行强制处置，从而偿还被执行人所欠的债务。根据《保险法》第 15 条、第 47 条的规定，在保险期内投保人可通过单方自行解除保险合同而提取保险单的现金价值。由此可见，保险单的现金价值作为投保人所享有的财产权益，不仅在数额上具有确定性，而且投保人可随时无条件予以提取。基于此，在作为投保人的被执行人不能偿还债务，又不自行解除保险合同提取保险单的现金价值以偿还债务的情况下，人民法院在执行程序中有权强制代替被执行人对该保险单的现金价值予以提取。因此，申请复议人的复议理由不能成立，驳回申请复议人中国人寿滨州公司的复议申请。

二、对于本案中寿险保单现金价值可否被强制执行的分析

（一）不同观点

本案争议的焦点问题是寿险保单现金价值是否可以被强制执行。对此问题，目前存在两种观点。

第一种观点认为，法院不能对寿险保单现金价值强制执行。主要理由是：①寿险保单不应当简单地视为投保人的财产或财产凭证，寿险保险单是合同，不是财产权利凭证；②寿险保单具有人身依附性，关系人的生命价值，投保人的投保与退保权利属于人身权中的人格权范围，强制投保人退保事实上是剥夺投保人的合同解除权，违反民法上关于人格权保护的规定；③保单被强制退保后将损害该保单项下其他保险关系人的利益。该案中，保险公司即持此种观点进行抗辩。

第二种观点认为，寿险保单现金价值可以强制执行。主要理由是：①寿险保

单是兼具人身保障和投资理财功能的保险，具有储蓄性和有价性，其储蓄性和有价性体现在投保人可通过解除保险合同提取保险单的现金价值，保险单的现金价值系基于投保人缴纳的保险费所形成，是投保人依法享有的财产权益；②寿险保单虽然是以人的生命和身体为保险标的，但无论是投保人的退保权，还是被保险人或受益人的保险金请求权，都是相对于保险人的独立的财产权，该财产权益在法律性质上并不具有人身依附性和专属性；③如果对被执行人持有的保单现金价值不予执行，不仅将损害申请执行人的权益，而且也将促使被执行人通过购买保险转移存款，逃避履行债务。该案中，法院基本上是按照此观点进行裁决的。

本文倾向于第二种观点，认为寿险保单在一定条件下可以被强制执行。

(二)本文的观点

我国《保险法》第10条第2款规定，投保人是指与保险人订立保险合同，并按照合同约定负有支付保险费义务的人。由于长期人寿保险实行均衡保费制度①，使得投保人在缴纳保险费后，保单初期多交的保险费被存储下来，保单具有一定的现金价值，且现金价值在某个时点之前会随着交费持续增加，因此寿险保单被认为具有保障和储蓄双重功能。投保人作为保险合同的订立者和保险费的缴纳者，保单现金价值自然应当归投保人所有。同时，寿险保单现金价值作为投保人的一项资产，可以用来抵押借款，还可以抵交保险费。我国《保险法》第15条规定，除本法另有规定或者保险合同另有约定外，保险合同成立后，投保人可以解除合同，保险人不得解除合同；第47条规定，投保人解除合同的，保险人应当自收到解除合同通知之日起三十日内，按照合同约定退还保险单的现金价值。可见，投保人具有随时解除保险合同并取得保单现金价值的权利，该项权利是投保人的财产性权益，独立于被保险人及受益人，因此该项权利不具有人身依附性和专属性。

作为投保人的一项财产性权益，保单现金价值可以作为强制执行的标的，但取得保单现金价值的前提是解除保险合同，按照《保险法》第15条的规定，只有

① 均衡保费制度是一种允许保单所有人在保单有效期内每年交付等额保费的寿险保费制度。由于死亡率随着年龄的增长而提高，所以随着年龄的增长保险费不断提高，许多人在老年时往往负担不起高额的保险费，为了提供长期寿险保障且保险费率又不随着年龄而逐年提高，保险业开发出均衡保费制度。根据均衡保费制度，保险人利用来自保单早期的保费资金加上投资收益，来支付保单后期递增的死亡索赔。

投保人本人可以解除合同，那么法院是否可以代为解除？本文认为，设置强制执行程序的目的是督促被执行人履行判决，对于被执行人拒绝履行的，法院可采取相应措施代为履行。《民事诉讼法》第242条、第243条规定，执行法院有权划拨、提取、变价被执行人的存款、债券、基金及收入，以此类推，在非投保人本人解除保险合同提取保单现金价值时，人民法院可以代替被执行人解除保险合同。

该案中，被执行人于2012年在保险公司投保两全分红保险及附加重疾险，趸交保险费，保险期间为6年，通过查看该保险产品的介绍①，本文认为主险分红险的基本保额与所交保险费接近，保障责任为满期保险金和身故保险金，属于典型的理财型产品，退保后的现金价值较高；附加险为纯保障型产品，保障期限短，退保后的现金价值非常低。近年来理财型保险产品充斥保险市场，该类产品的保障责任少，主要为储蓄性理财功能，保单现金价值较高，与银行理财产品的性质和功能基本相同。对于山东省高院的裁决，本文持赞成态度。

三、寿险保单执行中应当关注的问题

由于人寿保险合同中涉及多方角色和复杂的法律关系，一旦被解除，往往损害被保险人及受益人的权益，因此本文认为不是所有的寿险保单均可以被强制执行，法院在作出执行裁决前，应当充分了解被执行保单的险种责任和现金价值属性、保单履行状态，综合评估执行后对保单各方权益的影响。

（一）寿险的不同种类及现金价值的属性

人身保险分为人寿保险、健康保险和意外伤害保险。② 人寿保险是指以人的寿命为保险标的的人身保险。寿险保单虽然具有保障和储蓄的功能，但根据险种类型不同，保单现金价值的属性有所不同。《人身保险公司保险条款和保险费率管理办法》将人寿保险分为定期寿险、终身寿险、两全保险等。定期寿险是指以被保险人死亡为给付保险金条件，且保险期间为固定年限的人寿保险；终身寿险是指以被保险人死亡为给付保险金条件，且保险期间为终身的人寿保险；两全保险是指既包含以被保险人死亡为给付保险金条件，又包含以被保险人生存为

---

① 该产品介绍网址：http://www.e-chinalife.com/product/gerenbaoxian/licaibaoxian/anxiwuyouzuhe.html，访问于2018年9月。

② 我国《保险法》并未对人身保险进行分类，国际上一般按照保险标的与保障责任不同，将人身保险分为人寿保险、健康保险和意外伤害保险。2011年10月11日原中国保险监督管理委员颁布的《人身保险公司保险条款和保险费率管理办法》中，将人身保险分为人寿保险、年金保险、健康保险、意外伤害保险，但笔者认为年金保险实际为人寿保险的一种。

给付保险金条件的人寿保险。人身保险的设计类型分为普通型、分红型、投资连结型、万能型。普通型属于纯保障型,以保障功能为主,兼具储蓄功能;分红型、投资连接性、万能型属于新型保险产品,在保险市场也常被称为理财型产品,主要为储蓄理财,保障功能相对较弱,特别是万能险与投连险,专门为投保人设立个人账户,所缴纳的保险费进入个人账户中生息或投资,投保人可以随时进行个人账户价值的部分提取,保险人按月从个人账户中提取风险保障保险费,更近似于银行理财产品。

险种的不同导致保单现金价值的本质属性不同。普通型寿险(纯保障型寿险)的现金价值,是基于均衡保费制度缴纳的保险费扣除保险公司的经营成本、销售人员佣金、当年度的纯风险保险费后的剩余部分与利息,其通常作为责任准备金由保险人进行储备,本质上属于对未来风险保费的存储。新型保险产品的现金价值存在两种可能,一种为纯理财型,保险费几乎全部用来投资理财,保单的现金价值等于解除合同当天的投资价值扣除退保费用;另一种兼具两种属性,一部分用来储蓄理财,另一部分是未来风险保费的提前缴纳。

理财型保险,投保人投保的目的以投资理财为主,现金价值较高,对该类型保险进行强制执行具有正当性和经济意义。纯保障型保险,保单现金价值较低,通常保单的现金价值与债权人债权数额相差较远,强制解约后将使被保险人失去保险保障和同等条件下购买相同保障的机会,强制执行的效益低,建议对该类型保单不要强制执行。

(二)人寿保险合同中各方权益

人身保险合同中,保险人与投保人是合同的当事人,被保险人和受益人是合同的关系人。在投保人为自己订立的人身保险合同中,投保人缴纳保险费,享有除身故保险金之外的全部保单权益,受益人具有身故保险金请求权;在投保人为他人订立的人身保险合同中,投保人为被保险人设置保险保障,投保人缴纳保险费,被保险人享有除身故保险金之外的包括生存保险金、满期保险金等保险保障权益,受益人具有身故保险金请求权。风险的不确定性导致保险事故是否发生的不确定,被保险人及受益人的权利仅是一种期待权。

从人身保险合同各方权益看,投保人解除保险合同或者寿险保单被强制执行后,被保险人的保障将落空,被保险人与受益人的期待权随之消灭。为了保护被保险人及受益人的权益,日本《保险法》在保险契约解除时设置了受益人介入制度,希望通过受益人支付保单现金价值的方式取得保单的所有权,从而避免损害受益人的权益。[1] 本文认为,对于纯保障型寿险,无论投保人、被保险人是否为同一人,保单一旦解除都将导致被保险人的保险保障消失,也将导致被保险人无法再次以相同的对价及健康条件购买相同保额的保障,这也是许多学者认为寿险保单不应当被强制执行的理由之一。因此,法院在强制执行时应当全面考虑各方利益。

(三)人寿保险合同所处状态及履行情况

人寿保险合同所处的状态将导致各方所具有的财产权益不同,寿险保单现金价值随之变化。保险合同履行情况及所处的状态包括保险合同效力中止、保险期间届满、保险事故发生、被保险人开始领取生存金、保单贷款等。比如,保险期间内保险事故一旦发生,投保人订立保险合同的目的实现,被保险人及受益人将享有保险金请求权,学界一致认为投保人不再具有解除保险合同的权利。比如,投保人保单贷款尚未清偿,此时投保人解除保险合同取得的是保单的净值,即现金价值扣除未清偿贷款后的余额。再比如,在两全保险合同中被保险人开始领取生存保险金,意味着保险人已经开始履行保险责任,保单现金价值将随着领取生存金次数和金额的增加而相应减少,此时保险合同一旦解除将导致被保险人无法继续领取生存金。

(四)寿险保单被保全或者冻结期间,被保险人发生保险事故

与银行存单、股票等财产性权益相比,寿险保单除财产性权益外,还涉及被保险人的动态变化,这也是寿险保单执行中较难掌控的一点。在法院下发协助执行通知,要求保险公司对保单进行保全或冻结期间如果被保险人发生了保险合同约定的保险事故身故,寿险保单将如何执行?本文认为,被保险人发生保险事故身故将导致各方权利发生变化,此时法院需要重新评估保单的可执行性及平衡各方权益。对于为他人订立的人身保险合同,按照《最高人民法院关于适用〈中华人民共和国保险法〉若干问题的解释(三)》(以下简称《保险法司法解释(三)》)第 17 条的规定,投保人解除保险合同时,被保险人或受益人在支付保单现金价值后可以变更为该保单的投保人,在上述情况下,本文认为最佳的平衡各方权益的方式是保险人按照保险合同的约定给付身故保险金,但受益人需要将保险事故发生时保单的现金价值支付给投保人的债权人。

---

① 邵杰《人寿保险合同现金价值执行之立法规制——以日本〈保险法〉受益人介入权制度为例》,《上海保险》2017 年第 2 期。

四、对寿险保单强制执行的几点建议

(一)建议法院在下达执行裁定前,全面了解承保险种与保单履行情况

寿险险种不同导致保单现金价值的属性不同,险种种类可以通过保险期间长短、交费情况、保障责任、保险金额与保费关系等因素判断。对于纯理财型险种,类似于存款、债券,保障责任少,保单解除后对被保险人和受益人的影响小,执行效益高,建议强制执行。对于纯保障类险种,比如定期寿险、终身寿险,属于长期保障型产品,虽然具有一定现金价值,但现金价值较少,与债务相比差距较大,执行意义不大,且保单解除将损害被保险人和受益人的权益,因此建议对该类保单不予强制执行。对于兼具保障与理财双重功能的险种,建议法院对现金价值金额、保单保障责任、保险期间等进行综合评估,为平衡各方权益,可以比照《保险法司法解释(三)》第17条的规定,在投保人与被保险人、受益人不一致时,如果受益人或被保险人愿意承受投保人的保险合同地位、维系保单效力,被保险人或受益人可以向投保人的债权人支付保单的现金价值,之后变更为保单的投保人。

下达执行裁定前,建议法院向投保人(被执行人)、被保险人及受益人、保险公司等各方了解保单订立及履行情况,包括是否已发生保险事故、保险期间是否已经届满、保险人履行保险责任情况、保单状态等,通过全面了解,评估保单财产性权益归属,确定保单是否具备可执行的条件。

(二)建议进一步完善寿险保单强制执行程序

寿险保单的执行较其他财产性权益执行更为复杂,为有利于平衡各方权益,建议完善寿险保单强制执行程序,增加被保险人、受益人介入环节。法院向保险人下达协助执行通知时一并通知被保险人、受益人,被保险人和受益人可以选择是否介入,这样不仅便于法院全面了解保单状态,也可以让被保险人及受益人选择是否愿意支付保单现价取代投保人。如果被保险人、受益人放弃取代投保人的权利,法院继续强制执行程序。保单现金价值执行程序可以按照“债权人申请→扣押程序(保全性执行措施)→通知被保险人及受益人介入→强制解约”①的流程进行。

(三)建议对寿险保单强制执行进行立法完善

法院执行人寿保单,关系到债权人和保险合同各方的权益,当前各地法院对

① 王静《保单现金价值强制执行若干问题研究》,《法律适用(司法案例)》2017年第14期。

寿险保单现金价值可否作为执行标的，如何执行等问题尺度不一。① 本文建议最高院在执行程序及《保险法》司法解释中对寿险保单执行问题作出更加详细清晰的规定，以统一认识，规范执行行为。

随着我国保险业的不断发展，寿险险种及责任不断变化，涉及的各方权益也呈复杂趋势，具体细节和执行问题还需要不断研究与实践探索。

参考文献

[1] 岳卫.人寿保险合同现金价值返还请求权的强制执行[J].当代法学，2015(1).

[2] 曹顺明，段冉.寿险保单强制执行的法律问题研究[J].保险研究，2010(10).

[3] 赵磊.人民法院执行人寿保险单问题研究[J].法制与社会，2010(11).

[4] 马向伟.人寿保险单的现金价值可以被强制执行[J].人民司法，2016(17).

① 2015 年 8 月浙江省高级人民法院发布《关于加强和规范对被执行人拥有的人身保险产品财产利益执行的通知》，2018 年 7 月江苏高院发布《关于加强和规范被执行人所有的人身保险产品财产性权益执行的通知》。

浅析保险人代位求偿权的运用问题

刘春秀*

摘要：随着社会公众保险意识的增强，人们在日常生活、生产经营等过程中通过购买相应的保险产品，以分担保险事故造成的各类损失风险，已成为社会潮流。近年来，因第三人的侵权或者违约导致的保险事故，随着保险产品的普及而逐年增加，保险人对第三人主张代位求偿权的法律纠纷也日益增多。

关键词：代位求偿权　第三人　保险事故

一、现阶段我国保险人代位求偿权的行使情况

《中华人民共和国保险法》(以下简称《保险法》)第 60 条第 1 款规定："因第三人对保险标的损害而造成保险事故的，保险人自向被保险人赔偿保险金之日起，在赔偿金额范围内代位行使被保险人对第三者请求赔偿的权利。"因该条款明确规定了保险人取得代位求偿权的条件、范围、时间，所以往往被作为保险人行使代位求偿权的核心法律依据。随着保险产品的普及，保险人行使代位求偿权过程中产生的法律纠纷也逐年增加，笔者在中国裁判文书网(http://wenshu.court.gov.cn/)上，检索了近 6 年所有以"保险人代位求偿权纠纷"为案由的案例，如表 1-1 所示。

表 1-1　中国裁判文书网近 6 年所有以"保险人代位求偿权纠纷"为案由的案例

序列	年份	数量(件)	序列	年份	数量(件)
1	2013	492	4	2016	4995
2	2014	2028	5	2017	9013
3	2015	2304	6	2018	12192

* 作者简介：刘春秀，中国平安财产保险股份有限公司山东分公司法律合规部经理。

逐年增加的诉讼案件量可以从一定程度上反映出因保险人、被保险人、案外第三人对代位求偿权认识或者理解存在不足，这也会造成司法资源的浪费。

二、案例分析

（一）案情简介

2011年1月6日、1月19日、4月25日和5月10日，山东某集团（以下称A集团）及青岛某物流有限公司共向厦门某保险公司（以下称甲保险公司）投保了5份财产综合险，投保标的为存储于A集团子公司（以下称A1化工）厂区的燃料油，保险金额合计为人民币3.45亿元，保险受益人为A集团。2011年3月14日，日照市某热电实业有限公司（以下称B热电实业）作为乙方与作为甲方的A集团签订《工程安装施工合同》，约定B热电实业为A集团子公司A1化工提供储油罐区工程安装施工。施工期间，A1化工临时抽调热电实业的施工人员葛某习、孙某军对合同范围外的储油罐加装消防管道，作业过程中储油罐发生闪爆，并引发火灾。事故发生后，被保险人A集团向甲保险公司提出索赔申请。甲保险公司委托青岛某保险公估有限公司对A集团所投保油品的损失情况进行查勘、检验和公估。2011年12月31日，甲保险公司向A集团支付保险理赔款200万元，取得保险代位求偿权，并支付公估费7.34万元。

事故发生后，当地消防大队对火灾现场进行了勘察，2011年7月6日，当地消防大队出具了火灾事故认定书，查明起火原因为气割火花引燃原油罐管道内可燃气体；认定书中另载明："经分析灾害成因为在气割消防泡沫管道时未采取有效的隔断措施，导致火花与管道内可燃气体接触爆燃，并将原油罐内原油引燃，发生火灾后未能及时扑救。"

青岛某保险公估有限公司公估报告载明："原因分析及责任认定：……经进一步分析事故起因于泡沫发生器内玻璃板破碎，罐内部分成分经破碎的玻璃密封面窜入泡沫消防管道线至动火点，造成22号罐、19号罐先后闪爆着火……公估师根据现场查勘及外围调查认为：……施工单位B热电实业在承接了安装被保险人油罐消防泡沫管道工程中，未将油罐管道隔断封闭就进行管道动火作业，导致事故的发生。"

另查明，B热电实业具有从事GB、GC类GB2(2)、GC2级压力管道安装资格，有资格进行涉案消防管道焊接，但动火人葛某习、孙某军的特种人员操作资格证已于2009年到期且未换证。A1化工未与B热电实业就本次施工签订安全生产管理协议。

除以上情况外,还查明,此案所涉储油罐未经过消防验收即存储油品。施工前A1化工已发现油罐消防用泡沫发生器玻璃阀门存在破碎问题,但未进行维修。

(二)争议焦点及各方法院主要观点

(1)争议焦点:甲保险公司能否向B热电实业主张代位求偿权。

(2)各方主要观点。甲保险公司观点:涉案火灾事故的直接原因是B热电实业工人在气割消防泡沫管道时未采取有效的阻断措施,导致火花与管道内可燃气体接触爆燃,B热电实业应承担全部责任。

B热电实业观点:A1化工擅自使用未完工、未通过消防验收储油罐是事故发生的根本原因;B热电实业与A1化工签订施工合同约定,未经验收的工程,A1化工不得擅自使用,出险质量问题及其他问题,A1化工承担责任;动火地点、动火证签发人、监火负责人等均为A1化工的员工,A1化工应承担事故全部责任;B热电实业公司只是员工证件过期,最多承担5%责任。

法院观点:该案应按照《中华人民共和国安全生产法》及《山东省生产经营单位安全生产主体责任规定》等安全生产规定确定双方各自责任;A1化工应承担事故的主要责任,法律依据如下。

第一,《中华人民共和国消防法》第58条第1款(三)项的规定,需进行消防验收的建设工程未经验收的不得擅自使用。事故涉及储油罐未经消防验收即违规投入使用,这是事故的根本原因。

第二,山东省人民政府令第260号《山东省生产经营单位安全生产主体责任规定》第14条规定"生产经营单位将生产经营项目发包的,应对承包单位的安全生产条件或相应资质进行审查,并签订专门的安全生产管理协议,或者在承包合同中约定有关安全生产管理事项,发包给不具备安全生产条件或相应资质的单位的,如果发生安全事故,生产单位应当承担主要责任"。此案件中A1化工既没签订安全协议也没审核乙方施工人员资质;《中华人民共和国安全生产行业标准AQ3022—2008化学品生产单位动火作业安全规范》第7.1.1条规定,动火作业负责人负责办理《作业证》并对动火作业负全面责任;第7.4.1条规定,动火部位负责人应对所属生产系统在动火过程中的安全负责;第7.3.3条规定,监火人在发现动火人违章作业时应立即制止。该案中,A1化工均没有履行相应义务。

第三,《中华人民共和国行业标准石油化工施工安全技术规程SH3505—

1999》第 6.8 条规定，焊割部位附近有可燃、爆炸物品，在未做清理或采取有效地安全措施前，不得动火。A1 化工在明知存在严重油气泄漏危险的情况下，既未及时更换破碎的玻璃阀门，也未监督安装隔离盲板，即同意动火作业，是事故发生的直接原因。

综上，A1 化工企业应当承担事故主要责任即 70%责任。

B 热电实业应承担事故的次要责任，法律依据如下。

《中华人民共和国行业标准石油化工施工安全技术规程 SH3505—1999》第 6.2.3-1 条规定，焊工必须持证上岗、无证者不得动火。B 热电实业施工人员证件已过期且未补办，B 热电实业应对其员工无证作业后果负责；B 热电实业在明知或应知油罐内已存油的情况下，既未对某化工企业未设置专门防护措施的行为提出异议，亦未采取其他合理有效的防护措施，未尽到必要安全生产注意义务，应对事故承担相应责任。

综上，B 热电实业承担次要责任即 30%责任。

（三）案例评析

此案例是较为典型的保险合同外第三人侵权与被保险人自身违规原因造成保险事故发生，在被保险人与第三方侵权人的责任划分结果确定之前，保险人如何向侵权责任人主张代位求偿权的问题。甲保险公司依据当地消防大队出具的火灾事故认定书以及公估报告，认定 B 热电实业工人在气割消防泡沫管道时未采取有效的阻断措施导致火花与管道内可燃气体接触爆燃，B 热电实业应承担全部责任，故在赔付被保险人后向 B 热电实业主张代位求偿全部的理赔款，但是最终法院依据被保险人与侵权第三人在该保险事故中的责任划分结果部分支持了保险公司的主张。

三、保险代位求偿权的取得及行使条件

（一）法律依据

为了保护被保险人的利益，当保险标的遭受第三人损害时，被保险人依据保险合同可以直接向保险人主张索赔，更快、更便捷地获取理赔款。被保险人因他人的过错而遭致损失并获得保险公司的赔偿后，如果还允许其向导致损失的第三者索赔，那么其所获得必然超过保险利益，这就违反了保险的补偿原则，可能引发道德风险。但是，如若被保险人在保险人获得赔偿后，保险人与被保险人不向致害第三人主张权利，造成损害事实的第三人不需要为自己的过错承担责任

的话,这又违反了社会公平的原则,必然会导致后续第三人不会在自己的行为过程中尽到谨慎注意义务,从而导致更多的损害事实的发生。所以各国的保险法基本上都设置了这种法定的债权转让机制即保险人的代位求偿权,受害人要么从造成损害的第三人处直接获得赔偿,要么从保险人处获得赔偿,并同时把向第三人索赔的权利转让给保险人。

我国《保险法》第60条第1款规定:"因第三者对保险标的的损害而造成保险事故的,保险人自向被保险人赔偿保险金之日起,在赔偿金额范围内代位行使被保险人对第三者请求赔偿的权利。"从以上条款可以得知,对保险人代位行使的权利范围的界定应具备两个条件:第一,该权利属于被保险人对第三者请求赔偿的权利;第二,引发该权利的法律事实是因第三者对保险标的的损害而发生保险事故。"第三者对保险标的的损害"是指导致被保险人享有向第三者请求赔偿的法律事实,而基于该法律事实产生的法律关系究竟为侵权法律关系还是合同法律关系抑或其他法律关系,并不应该限定,因此基于上述法律关系产生的权利并非仅为侵权法上的赔偿损失请求权,还包括合同法上的赔偿损失请求权,抑或其他法律关系中的相应请求权。①

同时,我国最高人民法院指导案例74号《中国平安财产保险股份有限公司江苏分公司诉江苏镇江安装集团有限公司保险人代位求偿权纠纷案》,明确了因第三者的违约行为给被保险人的保险标的造成损害的,可以认定属于《中华人民共和国保险法》第60条第1款规定的"第三者对保险标的的损害"的情形。保险人由此依法向第三者行使代位求偿权的,人民法院应予支持。该指导案例有利于正确理解执行《保险法》第60条第1款的规定,促进保险人代位求偿制度依法实施。②

从最高人民法院指导案例与济南市中级人民法院疑难问题解析中,我们可以得出第三者的损害不仅限于侵权事实,还应包含合同违约、不当得利等。其中上述案例中,B热电实业未采取其他合理有效的防护措施,未尽到必要安全生产注意义务,就属于典型的合同违约导致的保险事故的发生。

(二)保险代位求偿权的取得方式

保险代位求偿权的取得方式,世界各国大致根据是否需要被保险向保险人

① 济南市中级人民法院《关于保险合同纠纷案件94个法律适用疑难问题解析》,载济南市中级人民法院官网,2018年7月27日。

② 中华人民共和国最高人民法院《最高人民法院发布第15批指导性案例》,载最高人民法院官网,2017年1月3日。

签署权益转账授权之类的文书分为两种立法方式。第一种是当然代位立法，代位求偿权的取得仅以理赔为充分必要条件，即只要保险人向被保险人支付了理赔款即自动取得代位求偿权。另一种是请求代位立法，保险人向被保险人支付理赔款后并不能自动必然取得代位求偿权，还需要被保险人明示将对致害第三人的损害赔偿请求权转让给保险人，如被保险人需要签署权益转让书之类的法律文书，保险人才能取得代位求偿权。

按照我国《保险法》第 60 条的规定，可以得出我国采取的是当然代位立法，保险人向被保险人支付理赔款后取得代位求偿权，无需被保险人签署或者出具权益转让书之类的法律文书。需要注意的是，在保险公司实际操作中，往往会让被保险人签署权益转让书，但这并不意味着我国采取请求代位立法。保险人让被保险人签署权益转让书，主要目的是提高保险人理赔后向第三方致害人进行追偿证据链的完整度，旨在更加顺利地行使代位求偿权来维护自身的合法利益。

（三）保险人行使代位求偿权的常见事由

从我国《保险法》的相关规定来看，代位求偿权的实质为请求权，是一种债，侵权人造成被保险人损失，保险人赔付被保险人之后，代被保险人的位，向侵权人主张侵权责任之债。按照我国《民法通则》的规定，债的发生事由自然可以成为代位求偿权的发生原因，故保险人行使代位求偿权的常见事由，笔者总结有如下几个方面。

1. 侵权行为

保险标的因第三人的故意或过失而遭受财产损失，依照法律规定，该第三者应承担赔偿责任。因侵权行为产生的代位求偿权，是各保险公司最为常见的代位理由与依据。

2. 合同责任

第三人在履行合同中违约造成保险标的损失或根据合同约定第三者应赔偿对方的损失。如仓库收取管理费为他人管理货物，因仓库管理人员疏忽而致货物丢失、损毁等损害，根据保管协议，仓库应承担赔偿责任。

3. 不当得利

指没有合法依据取得利益致使他人遭受损失的事实，如拾得他人丢失的货物等。

4. 质量责任

当产品发生责任事故，在具体的责任人无法查清时，按照我国法律规定需要由产品生产者承担责任,依据保险合同约定由保险人赔偿损失。保险人在赔付后又查明事故的实际责任人是第三人的,应向第三人求偿。

5. 保证追偿

保证及信用保险是就被保险人履约、信用等向债权人的一种担保,在被保险人无法按照合同约定向债权人支付款项时,由保险人以支付保险金的形式履行保险合同项下被保险人应付的债务。后续保险人可以向被保险人行使追偿的权利。

(四)保险代位求偿权的行使条件

根据我国《保险法》第60条的规定,保险人行使代位求偿权时,需要满足以下条件。

1. 被保险人对第三人依法享有赔偿请求权

被保险人对第三人享有赔偿请求权是保险人行使代位求偿权的前提条件,也是判断保险人有无保险求偿权的核心要点。如果被保险人对第三人依法不享有赔偿请求权,保险人的代位求偿权则不成立,不能行使。同时赔偿请求权不仅仅限于因侵权行为而产生的损害赔偿权,对于债务不履行的损害赔偿请求权、合同违约责任赔偿请求权、不当得利返还请求权、所有物返还请求权等均可。

2. 保险人已向被保险人赔偿了保险金

保险代位求偿权的权利主体是保险人,依据《保险法》第60条的要求,保险人在已向被保险人赔偿了保险金之后才取得代位求偿权。在保险人向被保险人支付保险金以前,保险人未享有代位求偿的权利,向第三者求偿的权利仍属于被保险人。被保险人如果放弃向第三人请求赔偿的权利,属于意思自治,并不违背法律规定,可以发生法律效力,但此行为必将会损害保险人的利益,因此为保护保险人的合法权益,保险法规定保险人可因此不负赔偿责任。如果在保险人已向被保险人支付保险金后,则无论被保险人在形式上是否已向保险人转让其向第三者请求赔偿的权利,保险人在法律上已经取得了向第三者代位求偿权的权利,对于保险人赔偿保险金额范围内的权利,被保险人已无权处分,即使处分也是无效。

需要注意的是,在保险业务实践中,存在一些保险公司为了节省资金支付,在保单中特别约定代位求偿权可以在保险赔偿前行使。因为保险代位求偿权属于法定债权,并且我国采用的当然代位立法,不可以依照双方当事人的约定而提前成立,上述约定,应当认为是被保险人授权保险人行使损害赔偿请求权的行为，由此而发生的关系应当适用授权与代理的有关规定，其追偿权行使的结果应由被保险人承担。

3. 保险代位求偿权的金额范围以保险人赔偿被保险人的保险金数额为限

我国《保险法》第 60 条规定，保险人只能在赔偿金额范围内代位行使被保险人对第三者请求赔偿的权利，即保险人的保险代位求偿权仅限于保险赔偿金额范围。

四、保险人在行使代位求偿权中应注意的几个问题

保险代位求偿权的设立初衷，就是维护保险人的利益，是保险法上的损失补偿原则、社会公平正义原则的具体体现，但在实务中存在一定的难点，需要保险人注意。

（一）被保险人放弃对第三人请求赔偿权的处理难题

被保险人采用某种形式全部或部分放弃对第三人的请求赔偿权现象，目前在实践中并不少见。比如，保险事故发生前，被保险人与第三人签订协议，对后续可能发生保险事故第三人的赔偿限额作出约定。如被保险人在与对车辆停放负有保管责任的第三人签订保管内容的协议时，协议往往对如发生车辆毁损、灭失，负有保管责任的第三人应承担的赔偿责任作出约定。但该约定却往往是对第三人的免责或部分免责，即如发生车辆毁损、灭失，第三人不负或部分承担赔偿责任。当发生保险事故，保险人依保险合同给付全部保险金，拟向负有保管责任的第三人行使求偿权时，第三人却以其与保险人的免责约定对抗保险人，使保险人的求偿权难以行使。而我国《保险法》在第 60 条、第 61 条关于代位求偿权的规定中，仅对在保险事故发生后、保险人赔偿保险金前，被保险人放弃对第三人请求赔偿权的，保险人不承担赔偿责任进行规定，以及对保险事故发生前，被保险人与第三人对赔偿金额进行限定，对于保险人是否仍应给付全部保险金未做规定。此外，我国《保险法》也未要求被保险人对类似约定应如实向保险人披露，从而使保险人解决此类纠纷时，因无相关法律规定支持而难上加难。①

（二）再保险人对代位求偿权的享有及行使

再保险又称“分保”，是指保险人为了减轻自身承担的保险责任而将部分保险责任转嫁给其他保险人的一种保险方式。在存在再保险的情况下，再保险人

---

① 章筱青、张建辉《浅谈代位求偿权行使的相关问题》，载中国法院网，2014 年 4 月 22 日。

是否享有代位求偿权？如果有，再保险人的代位求偿权又该如何行使？由于针对此问题我国现行法律均未予明确，以致衍生出了许多实务问题。

本文认为，再保险人享有代位求偿权这一点是不容置疑的，但再保险人代位求偿权的取得与一般保险人代位求偿权的取得是不同的。众所周知，再保险人是保险人的保险人，其承保的标的是原保险人对被保险人所承担的赔付责任之一。除去被保险人是保险公司外，再保险与一般财产保险并无实质区别，同样要贯彻财产保险的“损失补偿”和“禁止不当得利”原则。若不赋予再保险人代位求偿权，可能导致两种结果，要么原保险人向侵权责任人追偿获得全部理赔款，原保险人可能因此不当得利；要么侵权责任人只需赔付原保险人赔付被保险人的理赔款，减轻了侵权责任人的损害赔偿责任。两种结果均有悖于公平和正义。故再保险人享有代位求偿权是财产保险“损失补偿”和“禁止不当得利”原则的必然要求。

(三)保险人代位求偿权行使对象之限制

代位求偿权的行使范围限于财产保险合同，在人身保险合同中，保险人不得享有代位求偿权。对代位求偿权行使对象的第三者的范围也有一定限制。我国《保险法》第62条规定，保险人不得对“被保险人的家庭成员或者其组成人员”行使代位求偿权，除非上述人员故意造成保险事故。但“被保险人的家庭成员或者其组成人员”如何界定？一般认为，被保险人的家庭成员不限于被保险人的直系亲属，也包括与被保险人共同居住生活的其他家庭成员或具有赡养、抚养关系的人员。只要与被保险人有一致经济利益关系之人，除非故意，保险人都不得对其行使代位求偿权。否则将会出现被保险人“左手入、右手出”之弊端，被保险人之损失实质上仍由其自身承担。

五、对保险人行使代位求偿权的建议

(1)对涉及代位求偿的赔偿案件，保险人可以先指导被保险人向负有责任的第三者要求赔偿。被保险人依法从第三者处取得赔偿后，可以免去保险人的赔偿义务，从而减少后续追偿诉讼等司法诉累。针对侵权责任人不配合赔偿的、无能力赔偿或者被保险人要求侵权责任人赔偿存在难度等原因，而要求保险人赔偿的情形，保险人应依约先给予赔偿，然后依法行使代位求偿权。被保险人依法从第三者处获得赔偿后，保险人由于不知情又支付赔偿金的，有权向被保险人要求返还。

(2)关于再保险问题,由于再保险人与原保险人在诉讼地位、权利性质等方面有着共同利益,因此再保险人与原保险人可以在再保险合同中进行共同利益约定,即凡有关约定业务的保险费收取、赔款支付、向第三者追偿、参加诉讼或仲裁等事宜,原保险人在维护双方共同利益的情况下,有权单独处理。此条款意味着再保险人将本应由其行使的代位求偿权交由原保险人一并行使,并愿分担原保险人就双方共同利益所支出的必要费用,如鉴定公估费用、诉讼等费用。

(3)保险人应加大对本公司理赔诉讼人员的培训力度,就代位求偿权的有效行使,诉讼时效等问题做好管理与把控,同时也要综合衡量本公司待追偿案件和评估案件的追偿难度,利用优秀的外部专业化团队如律师事务所、公估公司、现场查勘公司来承接保险人行使代位求偿权,从而可以使保险公司能够专注核心业务,达到降低成本、提高效率的目的。

参考文献

[1] 张海棠.保险合同纠纷[M].北京:中国法律出版社,2010.

[2] 王林清,杨心忠.保险合同纠纷裁判精要与规则适用[M].北京:北京大学出版社,2016.

[3] 贺薇艳,徐丹凤.论保险代位求偿制度[J].法制与社会,2013(20).

[4] 杨洁,万大川.保险代位求偿权的若干法律问题探析——以被保险人的索赔请求权为视角[J].法制与社会,2014(12).

浅析近因原则、因果关系与保险免责条款的效力认定

罗　健*

摘要：随着我国社会经济的发展、人民生活水平的提高，保险特别是财产保险的需求与日俱增。但在保险业蓬勃发展的过程中，在保险人与被保险人之间产生了诸多争议，以免责条款为甚。以机动车保险为例，免责条款的适用产生了诸多问题，司法实践中较多以因果关系或近因原则来认定其效力，在车辆未年检和无从业资格证免责条款案件中最为常见。这有悖于保险、保险法及合同法基本理论与原则，于法无据，应当按照合同的原理来处理。

关键词：免责条款　近因原则　因果关系　合同原理

近年来，我国保险业出现蓬勃发展之势，尤其是机动车保险领域，基本上得到了普及，同时保险类纠纷诉讼案件也呈上升趋势，其中保险责任及免赔类案件占有较高的比例，产生了相当多的争议。在此类案件中，保险公司胜诉率极低，法院判决保险公司败诉的理由主要有未对免责条款进行提示和明确说明、免责事由不是事故发生的近因或者说二者没有因果关系、免责条款免除保险人依法应承担的义务或者加重投保人、被保险人责任的，以及排除投保人、被保险人或者受益人依法享有的权利等，其中免责事由不是事故发生的近因或者说二者没有因果关系这一裁判理由在车辆未年检及从业资格证等类型的案件中较为普遍。很多法院在判决书中认为车辆未年检或驾驶员无从业资格证不是事故发生的近因或者认为二者无因果关系，从而判决保险公司不能依据此类免责条款免责而应当承担赔偿责任。本文对此裁判理由持不同意见，因此尝试论证其不合理性。

---

* 作者简介：罗健，安邦财产保险股份有限公司理赔部法律追偿室主任。

一、近因原则主要用于确定事故是否属于保险责任范围，不适用于确定免责条款的效力

近因原则是财产保险赔偿的四大基本原则之一，其基本含义是面对损害结果时舍其远因而取其近因，近因属于保险责任责保险人承担赔偿责任，非近因（不论是否属于保险责任）造成的损失则不予赔偿。① 近因则是指直接促成结果或对结果起决定作用的原因，亦称主因。②

在财产保险理赔中，要确定保险标的的损失是否属于保险责任范围，或者说确定保险标的的损失与承保风险之间是否存在因果关系，需要应用近因原则。③

最早明文确立近因原则的国家是英国，英国在《1906年海上保险法》第55条第1款规定："依照本法的规定，除保险单另有约定外，保险人对于所承保的危险近因所致的损失负赔偿责任。但是，对于非由所承保的危险近因所致的损失，概不负责。"该近因原则确立后，被多数国家所采纳。上百年的保险实践足以证明采用近因原则判断承保危险与保险标的之间的因果关系的合理性，根据因果关系来确定保险责任是保险理赔的一个重要原则。④

我国保险相关法律、司法解释中并无近因原则的明确规定，2003年12月8日公布的《最高人民法院关于人民法院审理保险合同纠纷案件若干问题的解释》征求意见稿曾有过规定，即第19条"人民法院对保险人提出的其赔偿责任限于以承保风险为近因造成的损失的主张应当予以支持"，非常遗憾的是这部内容全面、充实的司法解释最终未能实施，取而代之的是2009年10月1日才实施的仅有6条琐碎内容的《最高人民法院关于适用〈中华人民共和国保险法〉若干问题的解释（一）》。直到2012年，最高人民法院关于适用《最高人民法院关于适用〈中华人民共和国保险法〉若干问题的解释（二）》征求意见稿中又有条文涉及了近因原则，即第22条，该条规定："保险责任的确定，多个原因造成保险标的损失，其中既有承保风险又有非承保风险，承保风险与损失之间的因果关系难以确定的，人民法院可以按照承保风险所占事故原因的比例或者程度认定保险人的保险责任。"这是关于近因原则中多因一果的规定，但也最终未能保留在该司法解释中。时至今日，《最高人民法院关于适用〈中华人民共和国保险法〉若干问题

① 郑功成、许飞琼《财产保险》，中国金融出版社2010年版，第37页。
② 郑功成、许飞琼《财产保险》，中国金融出版社2010年版，第37页。
③ 郑功成、许飞琼《财产保险》，中国金融出版社2010年版，第37页。
④ 黄英君、谭宗武《近因原则—保险法未涉及的话题》，载北大法律信息网。

的解释(四)》实施,仍然没有关于近因原则的规定。

虽然我国没有明确的关于近因原则的法律规定,但该原则确是被保险及理论界主流观点所认可的,也是在实践中被广泛应用的。依保险原理,是否发生承保风险,是否产生承保损失,都不能够完全决定保险人是否履行保险合同项下的赔付责任,其中的关键在于在符合保险合同约定的前提下,承保风险与承保损失的因果关系。①

本文认为,《中华人民共和国保险法》(以下简称《保险法》)第16条第7款关于保险事故的规定在一定意义上可以理解为是近因原则的规定。该条规定,保险事故是指保险合同约定的保险责任范围内的事故,也就是说事故并不都属于保险事故,而只有保险事故才能进行保险赔偿,是否属于保险事故最终要运用近因原则来判断。一言以蔽之,导致事故的近因属于保险合同约定的保险责任范围内的事故才是保险事故,才属于保险赔偿范围,否则,事故不是保险事故,保险人不予赔偿。

保险责任和责任免除是两个概念,《保险法》第18条规定保险合同应当包括下列事项:"……(四)保险责任和责任免除……"将保险责任和责任免除作了区分。

财产保险主要包括财产损失保险、责任保险、信用保险、保证保险,近因原则主要适用于损失保险,财产损失保险是以各类有形财产为保险标的的财产保险,目前以机动车损失保险最为普遍和常见。各保险公司的车险保险条款大同小异,都有关于保险责任的内容。2015年我国保险界进行了商业车险费率改革,同时大范围修改了条款,各保险公司的车险条款趋于一致。同年3月,中国保险行业协会公布了机动车综合商业保险示范条款,其中机动车损失保险的保险责任中列举了七项25种原因,包括碰撞、火灾等。这25种情形属于解决"赔不赔"的问题的,只有属于这25种原因导致的损失才属于保险责任,属于赔偿范围,这是近因原则最明显的体现。

本文认为,保险赔偿的正确流程应为首先确定事故是否属于保险责任范围,不属于保险责任范围的,自然不予赔偿;属于保险责任范围的,就是保险事故,下一步考虑是否属于免责条款的范围,不属于免责条款范围的,最终予以赔偿;属于免责条款范围的,予以拒赔。

综上所述,近因原则主要是用来确定事故是否属于保险责任范围的,而不是

① 姜南《论保险法上的因果关系原则》,《河北法学》2006年7月第26卷第7期,第107页。

用来确定免责事由与事故的关系的。

二、免责条款的效力与因果关系没有关联

因果关系与近因原则相似但并不等同，近因原则是为适应保险合同的特殊性而产生的因果关系判断理论，其判断方式、判断标准与思维方式区别于一般民法因果关系理论。如果在保险中选择一般因果关系原理进行判断，很可能导致错判，因此笔者认为，在司法实践中应当突出近因原则的重要性，建立近因原则具体运用的案例选集，使近因原则与一般民法因果关系在保险领域的司法实践中真正区别开来。①

因果关系在民事领域常见于侵权责任，是侵权责任的构成要件之一，但不是合同的构成要件。作为债权的两个主要组成部分之一，基于过错责任原则承担侵权责任的构成要件应为 4 个：加害行为的违法性、损害、加害行为与损害之间的因果关系以及行为人的过错。②

侵权行为法中的因果关系是指违法行为作为原因，损害事实作为结果，只有在违法行为与损害结果之间有因果关系，并符合其他构成要件时，侵权人才负赔偿责任。③ 与之相比，杨立新教授的概念更准确，即侵权法中的因果关系是指违法行为作为原因，损害事实作为结果，在他们之间存在前者引起后者、后者被前者所引起的客观联系。④

《保险法》中虽然也有因果关系的相关规定，但却并非一个整体性的原则。将侵权责任法中的因果关系构件运用到保险法中形成错乱，且使免责条款的效力处于不稳定状态，应当予以纠正。

三、免责条款分析

《2015 中国保险行业协会机动车综合商业保险示范条款》将免责条款概括为 3 类：情形除外、原因除外及损失和费用除外，其中情形除外是指只要具有该条所列举的情形，不论任何原因造成被保险机动车的任何损失和费用，保险人均不负

① 未知作者《浅谈近因原则与民法因果关系的比较》，载中国论文 https://www.xzbu.com/3/view-10628088.htm

② 江平《民法学》，中国政法大学出版社 2011 年版，第 481 页。

③ 江平《民法学》，中国政法大学出版社 2011 年版，第 489 页。

④ 杨立新《侵权行为法》，中国法制出版社 2006 年版，第 136 页。

责赔偿;原因除外是指由于该条所列举的原因导致的被保险机动车的损失和费用,保险人不负责赔偿,损失和费用除外是指无论造成损失和费用的原因是什么,该条所列举的损失和费用,保险人均不负责赔偿。

实际上,上述3种类型的免责条款在各保险公司的车险保险条款中均有体现,只是并未在条款中予以明确分类和定义。

2015年商业车险费改,中保协在发布示范条款的通知中称,为了适应社会文明进步的时代要求,更好地保护保险消费者的合法权益,解决司法实践中反映出的突出问题,将条款中争议较大的内容予以修改甚至删除,将免责条款归类并定义,其良苦用心不言自明。

根据上述定义,被保险车辆未年检、驾驶员无从业资格证属于情形除外。该示范条款第8条第(二)项"2.驾驶出租机动车或营业性机动车无交通运输管理部门核发的许可证书或其他必备证书";第(三)项"1.发生保险事故时被保险机动车行驶证、号牌被注销的,或未按规定检验或检验不合格"。这两个免责条款只约定了两种情形,或者说两个事实,即相关证书和证照的年检问题,并未约定免责情形与事故、损失的近因或因果关系。

该示范条款第9条之(一)"下列原因导致的被保险机动车的损失和费用,保险人不负责赔偿:(一)地震及其次生灾害",这属于原因除外。该免责条款因其合同约定而应当分析损失和费用是否与所列举情形的因果关系。但这不是近因原则或因果关系的运用,而是合同内容的遵守。与近因原则无关。

综上,监管机构与行业组织的态度也很明确,免责条款并不适用近因原则。

本文将免责条款也从另一个角度进行分类,一是违法性免责,即因某种行为、事实或状态违反法律规定而免责。以车辆损失险责任免除为例,该条款第8条(一)、(二)1～7项、(三)第1及第4项,以及第9条第4项。此类免责条款主要是中保协分类里的情形除外。

二是高风险免责,即根据历史经验对于一些高风险的情况予以排除,例如战争、地震、竞赛等。主要是条款第8条及第9条的部分内容。

三是间接性损失和费用免责,即对于非因保险事故直接导致的损失或者保险事故发生后处理不当导致扩大的损失不予赔偿。主要是条款第10条的内容。

未年检和无从业资格证均属于违法性免责。违法性免责均来源于在法律、行政法规甚至部门规章中的强制性甚至禁止性规定。其中未年检来源于《中华人民共和国道路交通安全法》第13条规定:对登记后上道路行驶的机动车,应当依照法律、行政法规的规定，根据车辆用途、载客载货数量、使用年限等不同情况，定期进行安全技术检验……对符合机动车国家安全技术标准的，公安机关交通管理部门应当发给检验合格标志。无从业资格证来源于《中华人民共和国道路运输条例》及交通运输部《道路运输从业人员管理规定》。

综上，未年检、无从业资格证免责条款属于情形除外及违法性免责，依据条款约定只要具有该违法性情形发生即应免责，而不受近因原则或因果关系原则的限制。至于有观点认为一些轻微违法情形不应免责，涉及条款本身的效力，篇幅所限，也不在本文讨论范围内。

四、司法机关的做法

以未年检为例，司法实践中审判尺度不一，除因保险公司承保存在漏洞导致不能举证证明已尽到提示和明确说明义务的案件之外，支持和不支持免责均有一定比例。在不支持免责的案例中，裁判理由各异。除本文提到的近因或因果关系以外，还有 1. 直接依据保险法第 19 条认为条款本身无效；2. 事故前未年检，事故后已补检合格；3. 投保时即未年检，属于弃权；4. 虽然交管部门未盖年检合格章，事故发生前已上线检验合格。

江苏和重庆高级人民法院有较为典型的规定。江苏省高级人民法院《江苏省高级人民法院关于审理保险合同纠纷案件若干问题的讨论纪要》第 14 条规定：保险机动车未按规定年检，保险人依据“发生保险事故时保险机动车未按规定检验或者检验不合格的，保险人不承担保险责任”的保险条款，主张免除保险责任的，人民法院应当区分以下情形分别作出认定：

（一）交通事故发生后经公安机关检测认定车辆发生事故前存在安全隐患的，对于保险人免除保险责任的主张，人民法院予以支持。（二）交通事故发生后经公安机关检测认定车辆发生事故前不存在安全隐患的，对于保险人免除保险责任的主张，人民法院不予支持。（三）交通事故发生后公安机关未对车辆进行检测或虽进行检测但已无法确定事故发生前车辆是否存在安全隐患的，对于保险人免除保险责任的主张，人民法院予以支持。

《重庆市高级人民法院关于保险合同纠纷法律适用问题的解答》（渝高法[2017]80 号）第 6 条：“商业三者险保险合同中约定，机动车在超载、未年检、驾驶人酒后驾驶、无证驾驶或准驾车型不符等状态下发生保险事故时保险人应减轻或免除保险责任的，若约定的免责事项与保险事故的发生没有因果关系，保险人主张减轻或免除保险责任的，人民法院是否支持？答:保险合同中约定的在特定危险状态下发生保险事故保险人减轻或免除保险责任的免责条款系危险状态免责条款。该类条款的作用是为了让保险事故发生时的危险水平与缔结保险合同时的危险水平大致相当，以维护对价平衡原则。因此只要保险事故发生于该免责条款所规定的危险状态之下，保险人即可减轻或免除其保险责任，而无须证明保险事故是由该危险状态所导致。”

两个高级人民法院的观点有异同，相同之处是都认为车辆未年检属于违法行为且有危险性，区别是江苏高院根据事后的检测以结果论，即以事故发生后车辆的检测结果是否存在安全隐患为依据来确定免责条款的适用与否。重庆高院则以状态论，即不论车辆实际是否存在安全隐患而只要存在未年检的违法危险状态就适用免责条款。

江苏高院的规定有一定“因果关系”的影子，重庆高院则明确否定“因果关系”。

最高人民法院目前对此尚无明确的指导性文件，林海权法官曾在《人民司法》发表《约定免责事由与事故发生无因果关系时保险责任的承担》一文中对“因果关系”有一定肯定，但仍持谨慎态度，认为仍需对其法律依据、社会效果及适用范围进行进一步的理论研究与实践论证。

五、免责条款的效力应按照契约原则予以处理

保险合同作为合同一种，是投保人与保险人约定保险权利义务关系的协议。具有合同的一般特征并遵守合同的一般原则。处理合同纠纷应当运用合同特别法与普通法原理。

合同法具有平等、自愿、公平、诚实信用与合法五大基本原则。[①] 与近代以来民法的三大基本原则中的契约自由原则并无二致。

同时保险合同具有特殊性，属于射幸合同，即合同的法律效果在缔约时尚未确定的合同。这类合同的特点在于合同订立后，法律效果十分发生取决于偶然事件的出现。保险合同也属于格式合同，由一方当事人为重复使用而预先拟定合同条款，并于订立合同时不容相对人协商的合同。格式条款具有以下特点:1. 合同条款由一方当事人预先拟定。2. 格式条款的相对人只有订约自由而没有决定合同内容的自由。3. 格式合同具有广泛性、持久性和细节性，有利于节省交易成本。

---

① 吴浩《中华人民共和国合同法释义及标准样本》，改革出版社1999年版，第85～89页。

为了保护相对人的权利，体现契约正义，法律对格式合同的使用、效力以及解释等，有特别限制：一、不可排除法定条款的效力。（合同法第 40 条）二、免责条款的提示、说明义务。（合同法第 39 条）三、非格式条款效力优先。（合同法 41 条）四、有利于相对人解释原则。（合同法 41 条）①

关于格式条款的效力评价，一般考虑以下几个因素：第一，是否违反法律的强制性规定。第二，是否符合公平原则。第三，是否违反城信用原则、损害社会公共利益。司法实践中较少直接认定某免责条款无效，运用最多的还是说明义务的履行与否导致的免责条款是否产生效力。

免责条款作为保险合同的重要组成部分，其效力应当运用合同法原理予以处理。关于合同效力的规定存在于《民法通则》《民法通则》《合同法》及《保险法》中。其中合同无效（包含部分无效）的规定主要是《保险法》第 19 条及《合同法》第 52 条与第 53 条。其中《保险法》第 19 条规定采用保险人提供的格式条款订立的保险合同中的下列条款无效：（一）免除保险人依法应承担的义务或者加重投保人、被保险人责任的；（二）排除投保人、被保险人或者受益人依法享有的权利的。这两项是因为格式条款内容对投保人、被保险人不公平而被法律规定为无效。另第 17 条规定了免责条款不产生效力的情形，订立保险合同，采用保险人提供的格式条款的，保险人向投保人提供的投保单应当附格式条款，保险人应当向投保人说明合同的内容。对保险合同中免除保险人责任的条款，保险人在订立合同时应当在投保单、保险单或者其他保险凭证上作出足以引起投保人注意的提示，并对该条款的内容以书面或者口头形式向投保人作出明确说明；未作提示或者明确说明的，该条款不产生效力。这一条实际是关于保险人说明义务的规定，说明义务的法理基础，通说认为主要为最大诚信原则和附和契约义务的客观要求。主要因保险合同为格式合同，内容晦涩难懂，投保人难以理解，造成难以实现意思自治，需要保险人予以解释说明。对于未做说明的后果，我国采取的不产生效力说，该说认为，保险人未履行说明或明确说明义务，致使双方对免责条款未达成合意，该条款不产生效力。也就是该条款属于双方未认可的内容而不应属于合同的一部分。

合同法第三章专门的合同效力规定，其中第 52 条规定了合同无效的五种情况：有下列情形之一的，合同无效：（一）一方以欺诈、胁迫的手段订立合同，损害

① 江平《民法学》，中国政法大学出版社 2011 年版，第 589～590 页。

国家利益;(二)恶意串通,损害国家、集体或者第三人利益;(三)以合法形式掩盖非法目的;(四)损害社会公共利益;(五)违反法律、行政法规的强制性规定。第53条规定了免责条款无效的两种情形:第53条合同中的下列免责条款无效:(一)造成对方人身伤害的;(二)因故意或者重大过失造成对方财产损失的。第40条规定格式条款具有本法第52条和第53条规定情形的,或者提供格式条款一方免除其责任、加重对方责任、排除对方主要权利的,该条款无效。

保险条款一般不存在《合同法》第52条及第53条规定的情况,且根据特别法优于普通法的原则应首先适用《保险法》第17条、第19条等特别法的规定,但理论上也应予以排除存在这两条规定情况。

本文认为,司法实践中对保险免责条款的效力最为普遍的是引用《保险法》第17条,以保险人未尽提示和说明义务为由认定免责条款不产生效力。也有较多的情况引用第19条认定免责条款无效。不论在个案中引用此两条是否正确,但这确遵循了合同的原理。而运用近因原则或因果关系则不符合合同原理。

能否运用公平原则解决?有观点认为可依据民法的基本原则之一的公平原则来处理这个问题。但最为民法基本原则的公平原则,不具有直接适用的性质。凡违反公平原则的行为,法律都设有补救性的规定……因此,遇内容违反公平原则的合同,应当直接适用具体规定,而不能直接适用公平原则。①

结语

在确定免责条款的效力时适用因果关系原理虽然在司法实践中较多出现,但并不符合法律原理,未形成主流观点,保险及保险法理论界也未予认同,不宜滥用。值得注意的是在最高人民法院《保险法解释四》2016年征求意见稿中曾有相关规定,实际上将因果关系限定于合同的约定,也即免责条款中的原因除外类型。(第23条[免责条款与保险事故的因果关系对于保险责任承担的影响]保险合同约定特定事由或者特定情形导致保险事故保险人不承担保险金赔偿责任,保险事故发生后,保险人以该免责事由为由主张不承担保险金赔偿责任的,应举证证明该免责事由与保险事故的发生具有因果关系,但法律另有规定的除外。)虽然最终因种种原因未被采纳,但却值得期待。

① 梁慧星《裁判的方法》,法律出版社2012年版,第245页。

人身意外伤害险中意外事故的认定及相关问题探析

吕莉莉*

摘要:人身意外伤害保险中对意外事故的认定,一直是困扰司法实践的难题,各地法院在举证责任分配和司法认定上宽严不一,导致同案不同判的现象严重损害了司法的权威性和严肃性。

关键词:人身意外伤害保险　意外事故　举证责任

意外伤害保险以被保险人遭受意外伤害而导致伤残、死亡为承保范围,学术界对意外事故的探讨存在三要素、四要素、五要素说等观点,实务界对意外事故的认定上裁判尺度也不尽一致,宽严不一。导致这一现象的原因有三:一是法律对意外伤害险缺少明确规定,导致审判实践无章可循;二是现实中意外事故的规定主要见诸于保险人自行印制的格式合同,均采原因意外说,与普通大众对意外事故的结果意外之固有认识及保险利益期待存在隔阂;三是司法实践中,各地法院对意外事故的司法认识、举证责任分配、证明事项及证明标准不甚一致。本文认为,有必要结合司法实践,对意外事故的要素特质、举证责任分配及审判规则逐一梳理、厘清思路。

一、意外险的起源及其在我国的发展

"无危险,不保险"。保险的起源与人类经济社会发展息息相关,凡是有风险存在的地方,即有保险生存的土壤。近代保险业起源于海上保险,近代意外伤害

* 作者简介:吕莉莉,山东省青岛市黄岛区人民法院副庭长、审判员,保险纠纷法官工作室负责人。

保险起源于15世纪的海上意外保险,到16世纪才开始承保旅客意外伤害险。[①] 18世纪瓦特发明蒸汽机以后,铁路运输开始兴盛,铁路运输的便利也带来铁路意外事故的发生。1846年,英国开办铁路人身意外伤害保险,可以说是现代意外伤害保险的开端,意外伤害保险从其出现之日起,因先天具备保费低、期限短、手续便利、保额高的优点,广受宠爱。19世纪工业革命兴起,为应对经济变革和社会变革带来的更大意外风险,英国又陆续推出了雇主意外责任保险、锅炉及机械保险、员工诚实保证保险等险种,到19世纪末期,由于汽车的普及,产生了道路交通意外事件,又推出了交通人身伤害意外保险及汽车保险。20世纪初期,由于英美国家经济发达及科技文明的进步,遂有航空保险、产品责任保险等险种出现。21世纪以来,电脑及尖端资讯的快速发展,互联网保险、电话保险等新类型意外伤害险层出不穷。[②]

我国意外伤害保险的开办产生于中华人民共和国成立后,1950年,中国人保最先开办意外伤害保险业务,涉及铁路、轮船、飞机、公路旅客意外伤害强制保险,旅客在交通运输过程中遭受意外事故,由保险公司在保险责任限额内给付意外伤害保险金。改革开放以来,随着保险业在各个领域的不断拓展,人身意外伤害保险的品种和形式也越来越多元化。

二、意外伤害险中意外事故要素分析及举证责任分配

意外伤害保险,也称伤害保险,是指被保险人在保险期间内,因遭受意外事故而使身体受到伤害及因此致残、致死时,保险人依约给付保险金的人身保险。伤害保险的目的在于补偿被保险人、受益人因意外伤害所致经济之困难,维系其生活之稳定。[③] 不同于以保障人的寿命和健康为保险标的的人寿保险和健康保险,意外伤害保险责任范围仅承保意外事故导致的人体损害。

(一)意外事故的识别

保险的原理本身即涵盖意外性(不可预期、偶发性、突然性),我国现行立法确立了意外伤害保险制度,但对意外伤害保险的内容未作出详尽规定,关于意外伤害的释义多见于保险行业的内部规定。1998年,中国人民银行制定的《航空旅客人身意外伤害保险条款》第12条约定,意外伤害系指遭受外来的、突发的、非

---

① 翁小丹《人身意外伤害和健康保险》,中国财政经济出版社2007年版,第4页。

② 樊启荣《保险法诸问题与新展望》,北京大学出版社2015年版,第450～451页。

③ 樊启荣《保险法》,北京大学出版社2011年版,第215页。

本意的、非疾病的使身体受到伤害的客观事件。我国保险公司的意外伤害保险条款大多沿袭该条款的规定。[①] 中华人民共和国金融行业标准 JR/T0031—2006（保险术语）4.1.12.1 关于意外伤害保险的定义为：是指意外事件而致使被保险人死亡或残废为给付保险金条件的人身保险。第 8.1.1.2 关于意外事件的定义为：意外事件是指外来的、突发的、不可预见的、非本意的和非疾病的导致被保险人身体受到伤害或财产遭受损失的客观事件。

纵观各家保险公司，对意外伤害的定义也大同小异，例如《中国人民财产保险股份有限公司境内旅行意外伤害保险条款（2008 版）》对意外伤害约定为：指以外来的、突发的、非本意的、非疾病的客观事件为直接且单独的原因致使身体受到的伤害。《中国太平洋保险公司太平盛世·长泰安康保险（B）条款》（中国保险监督管理委员会 1999 年 9 月核准）第 24 条约定：意外伤害是指遭受外来的、突然的、非本意的、非疾病的使被保险人身体受到剧烈伤害的客观事件。中国平安人寿保险股份有限公司《平安一年意外伤害保险条款》（2013 版）在释义部分将意外伤害解释为：指以外来的、突发的、非本意的和非疾病的客观事件为直接且单独的原因致使身体受到的伤害。永安财产保险股份有限公司对意外伤害定义为遭受外来的、突发的、非本意的、非疾病的使身体受到伤害的客观事件，猝死不包含在内。各家保险公司对意外事故具备外来性、突发性、非自身原因（非疾病的、非自愿的）均达成共识，同时限制性要求意外是损害后果的“直接且单独原因”或“直接且决定性原因”，有的保险公司将猝死约定为不属于意外事故，有的保险公司在其他除外责任中将猝死予以排除。

保险法学界对意外事故的构成要件也存在多种观点，温世扬强调意外事故的偶然性、外来性和急剧性三要素[②]；叶启洲强调意外事故包括外来性、突发性及非自愿性三项基本要素；还有四要素、五要素甚至六要素说，在此不一一列举。司法界对意外事故的把握无外乎外来性、非自愿性、突发性三要素。在表述上，采取意外事故抑或意外事件，笔者在本文中采取意外事故一说。从上述保险公司的条款规定中可以看出，意外或意外事故都是对意外伤害的原因力界定，其要求意外伤害的造成（残疾、身故）是源于意外事故的发生，并对意外事故的特质进行了划定。在审理该类案件时，在对意外事故的理解上，实务界认为应将其划归为免责条款，认为在保险人对意外事故没有尽到提示和解释说明义务的情况下，

① 王静《意外伤害保险纠纷中意外事故的司法认定》，《人民司法》2017 年第 32 期。

② 温世扬《保险法》，法律出版社 2016 年版，第 361 页。

该约定对受益人、被保险人无效,应按照普通大众对意外结果之理解,由保险人支付保险金。[①] 笔者认为,因意外事故造成的身体残疾、死亡,应倾向于理解为保险责任范围,以区别于健康险和人寿险,而保险人对意外、意外伤害的释义,应认定为免责条款。一是因普通大众对意外的理解和保险人对意外的理解存在认识差别,保险人应与被保险人或投保人统一认识,做到双方对概念理解的一致、统一,以维护契约自由、平等精神;二是保险人预先印制格式合同,将普通人认为的一部分"意外事故"排除在保险责任范围之外,属于免除己方责任。但考虑到司法实践中对意外事故的司法认定尚存难度,不可强制要求保险人在订立保险合同时,向投保人履行提示和解释说明义务时穷尽所有意外事故情形,因此,只要条款中对"意外/意外伤害"进行释义,并且投保人、被保险人在免责声明处签字,即可认定保险人对该条款尽到了提示和解释说明义务,在此前提下,对意外事故的认定和把握,更多的是司法界用以平衡保险人、被保险人及受益人之间利益的裁判标准。

意外伤害险有别于健康险,非疾病性应当是意外伤害险应有之意,因此笔者以为非疾病性、非自愿性无非是对外来性的再明确、再强调而已,无须单独探讨;突发性本身即包含了意外事故的急剧性、急激性,意欲揭示意外伤害的非自愿性,笔者将突发性作为外来性的一个思考维度,联系外来性共同认定。结合笔者在审判实践中的经验来看,学者们热衷讨论的意外事故的六要素、五要素、四要素、三要素等实无必要,实在是徒增司法烦恼,真正在辨识意外事故中起决定、核心地位的要素系外来性,只有在外界因素的介入下,意外伤害的原因、事故与结果三阶段被破坏,才有必要探讨意外伤害结果究竟是何原因造成的。保险公司对意外伤害的定义多界定为原因意外,而普通人对意外伤害的理解多从结果意外进行界定,凡是结果出乎意料的均认为是意外事件或意外伤害,原因意外主张意外事故的损害产生必须是外在原因所致,要求意外原因与意外结果之间存在直接、必然的因果关系,也即"相对于根据更笼统的'意外结果'确定保障而言,保单根据'突发原因'造成的损失确定保障更为普遍"[②]。

1. 外来性

外来性具备因外伤性和因外力导致内在机理变化造成损伤的双重含义。在判断外来性时,应考量以下几点:①非自身疾病导致,例如心脏病突发摔倒致死,

① 国家法官学院案例开发研究中心《中国法院2015年度案例》2015年版,第250页。

② 〔美〕约翰. F. 道宾《美国保险论》(第4版),梁鹏译,法律出版社,第139页。

不属于意外事故；②强调外来原因系损害后果的直接、决定性因素，例如因食物中毒导致死亡和骑自行车摔倒后死亡，显然，第二个意外事件(骑自行车摔倒)与死亡之间的因果关系不符合生活常识，单纯的骑自行车摔倒后的擦伤不足以致死，应当进一步查明两者之间的因果关系；③外在原因导致的结果不应仅限于身体外伤，即使毫无外伤，亦有可能符合外来性，例如遭电击、窒息、休克致死、溺水等化学、物理、生物、医学反应导致的死亡；④尽管原因行为可能是被保险人故意的，例如参加蹦极等高危活动，为追求性快感而用毛巾锁喉，但只要被保险人不是追求、放任某种危害后果发生，或者该损害后果非其在行为时可预知的、意欲达到的，也视为意外事故。

2. 突发性

“一个意外可能突然发生，也可能像危害物质渗入地下一样缓慢发生”①。人身意外伤害险中的突发性，要求损害过程的短暂性和损害后果的急剧性，区别于长期的、日积月累的损害形成。突发性相对于外来性和非自愿性，属于一个中性表述，进一步强调损害原因对损害结果的非自愿性、不可预见性和外来性，是对原因力的一种反面印证或者换角度表述。对于突发性的把握尤为重要，它并不一定是瞬间发生的，还可以在损害行为出现后一段时间内发生，实践中争议较大的往往是后者，例如美国一案例中，被保险人落水后，为自救奋力游行，导致体力消耗过多溺水死亡的，属于意外事故；被保险人被蛇咬伤后，并没有立即中毒死亡，而是经一段时间治疗无效后死亡，属于意外事故。

对突发性的把握，在考量时间要素的同时，还必须考量该事故对于被保险人的可期待性，“德国通说及实务一般均承认，意外事故的概念，已经包含了‘不可预料’的特性，故如果损害系由被保险人自己完全支配的自我行为所致(如吸食毒品)，则该行为并非意外”②。

3. 非自愿性

该要素是相对于意外结果而言对被保险人主观心理状态的规定，即被保险人对损害后果的发生非出于积极促成(直接故意)或放任(间接故意)发生，损害后果是其所不愿看到的、未预见到的、非本意的，根据《中华人民共和国保险法》(以下简称《保险法》)第 44、45 条的规定，被保险人自杀或者因被保险人故意犯

① 〔美〕约翰. F. 道宾《美国保险论》(第 4 版)，梁鹏译，法律出版社，第 139 页。

② 叶启洲《猝死的认定与举证责任分配》，《保险判例百选》，法律出版社 2011 年版，第 279 页。

罪或抗拒依法采取的刑事强制措施而导致伤残或死亡的,保险人不承担给付保险金的责任,但不妨碍其在行为时可能对危险性有一定的认识,其实施该行为的目的是为了达成另一意愿的情况下,亦符合非自愿性的特征,例如蹦极,被保险人对蹦极属于一种高危项目有认识,其仍然参与到项目中来,因其追求的是蹦极运动带来的刺激、新鲜体验,而非死亡和伤残。非自愿性属于权利障碍事实,由保险人负有举证责任更符合公平原则,且利于查清案件事实,我国台湾地区也将非自愿性要素的举证责任分配给保险人。

(二)意外事故的举证责任分配及例外

1. 举证责任分配

《中华人民共和国民事诉讼法》第64条"当事人对自己提出的主张,有责任提供证据"之规定,确立了谁主张谁举证的举证规则。《保险法》第22条"投保人、被保险人或者受益人应当向保险人提供其所能提供的与确认保险事故的性质、原因、损失程度等有关的证明和资料"之规定,明确了权利请求人对于保险事故的发生原因、经过和损害后果负有初步举证责任,有学者认为保险法的该规定并非是对举证责任的规定,而是区别程序性举证责任和保险法上请求权人于权利行使时提交相应的资料这两种不同性质规定之间的关系,该规定是要求请求权人请求保险金时应努力提供所有能提供的证明和资料,而不含分配举证责任之意。① 有的学者认为,应当由权利请求人对意外事故的发生直接原因系外因举证,即保险事故具有意外事故的外观即可,由保险人对间接、除外责任举证。②

本文认为,该条文是对权利请求人举证责任的明确规定,其应就意外事故的外来性、突发性、非自愿性、损害后果及意外原因与损害后果之间的因果关系承担举证责任,从某种程度上说,证实了意外事故的外来性也就证实了非自愿性,因此对非自愿性因素,除非保险人有反证证实系受益人、被保险人故意为之,否则推定为非自愿性。应着重审查外来性和突发性两个因素,其中在外来性的证明上,由权利请求人对意外事故系外因导致举证证明,保险人认为存在自身疾病因素的,应当由其进行证明。

2. 因果关系认定上以近因原则为主,个别案件采用相当因果关系说

① 方祥《手术过程中急性肺水肿是否为条款所规定的意外伤害事故》,《保险判例百选》,法律出版社2011年版,第275页。

② 岳卫、周馨《意外伤害保险中的"外来性"与"非疾病性"》,《保险判例百选》,法律出版社2011版,第296页。

在判断意外原因与损害后果之间的因果关系时，主流意见为将因果关系看作一张网，每一个节点之间都相互联系，从一个节点又发散出无数节点，节点与节点之间最近的，通常认为是直接、关联性因素，即近因原则。① 2004 年最高人民法院发布的《关于审理保险纠纷案件若干问题的解释》(征求意见稿)第 19 条也规定了近因原则："人民法院对保险人提出的其赔偿责任限于以承保风险为近因造成的损失的主张应当支持。近因是指造成承保损失起决定性、有效性的原则。"即，当外因对损害后果起决定性作用时，由保险人承担保险金给付责任，反之，若内因为决定性作用时，保险人免责。但是对于人身意外险中损害后果的造成，有时包含内外两种原因，于责任的判断上，对事故的发生寄于度(或称原因力)不分上下，各占百分之五十的情形下，难以判断保险人的责任，有的学者认为采取相当因果关系说比近因说更具合理性，其优点在于承认与结果发生具有相当性的所有因素，可以得出亦此亦彼的结论(保险人按照外因起到作用的比例承担责任)，按照比例分摊原则。②

本文认为，在外来性和损害结果的因果关系上，应当以近因原则为主，意外伤害险的本质在于损害结果的造成系出于外因，其对损害后果的影响应当是直接的、起决定性作用的，在个案中，存在因科学技术无法区分内外因对损害后果原因力大小或者原因力相当的情况，是应当予以特别关注的。

三、与意外险相关的问题探析

通过对意外事故的含义、三要素以及举证责任的分析，基本可以把握该类案件的举证范围和裁判标准，但是实践过程中，仍有几类案件存在争议，下述将一一分析。

1. 在死亡原因不明情形下的非意外死亡推定

对于该问题，存在两种不同认识，一种意见认为，"法官对于类似本案的'死因不明的意外死亡'应当认定为意外伤害死亡，保险人应当如约对被保险人的意外死亡承担意外伤害死亡的保险责任"③。另一种观点认为，在死亡原因不明的

① 王静《保险类案裁判规则与法律适用》，人民法院出版社 2013 年版，第 189～192 页。

② 岳卫、周馨《意外伤害险中的"外来性"与"非疾病性"》，《保险判例百选》，第 297～298 页。

③ 贾林青《法院审理保险案件观点集成》，中国法制出版社 2016 年版，第 248～251 页。

情况下，不能推定为非意外死亡，保险公司不负保险责任。[①] 两种截然相反的司法态度，实质上是对意外事故的认定应苛求原因意外[②]、结果意外[③]抑或折中说的司法认知的差别。纵观各国，对意外事故的认识经历了从原因意外到结果意外的过程，我国审判实践对“原因意外”把握逐渐宽大，更有学者指出“我国仍然固守以原因意外为核心的意外伤害保险法制则显得不合时宜，构建以结果之意外为核心的意外伤害保险法制乃我国意外伤害保险之发展方向”[④]。

现行司法条件下，笔者认为死因不明的情况多见于是否由除外责任引起，特别是既存在除外责任又存在外来事件的情况下，此时无非有三种情况：①除外责任和外来事件均是损害后果发生的原因，且无法区分影响力大小；②外来事件是诱因，诱发除外责任造成损害后果，须判断内外因素对损害后果的影响力大小，和哪一因素具有决定性作用；③科学技术无法完成对损害后果原因力的分析。死因不明情形下保险责任判断，须依赖于举证责任的分配，对于后三种情形应把握以下几项裁判规则：①权利人请求保险金，在提交基础材料后，法官能否形成内心确认，损害后果的发生是否合乎逻辑和生活经验，例如被保险人上坟返程途中突然摔倒后瘫痪，周围下过小雨，路面为田间泥路，显然摔倒与瘫痪之间的关联性极小，即便年老导致骨质疏松，但摔倒时间的突发性、后果的严重性与周遭环境不符，自身疾病导致的突发晕倒是很有可能，保险人提出被保险人患有心脑血管疾病并一直药物治疗属于保险人对除外责任的举证，应当要求受益人、被保险人进一步举证外来性因素，排除除外责任。②在证实非除外责任时(例如疾病原因、承保风险与除外风险并存)，往往需要借助专业鉴定加以完成，在被保险人及其家属不配合、尸体已被火化、科学水平无法查清死因等情况下，在举证责任的分配上，笔者认为应当遵照以下原则：一是受益人、被保险人是否及时通知保险人，此系合同义务，不能因当事人报警而免除其向保险人的通知义务，若权利人事发第二天报警且未及时报险，并拒绝公安部门的尸检要求，导致因果关系鉴定不能的，应当由原告方承担死亡原因不明的败诉责任；二是若及时履行报险义

---

① 刘建勋《保险法新型疑难案例判解》，法制出版社2007版，第341～344页。

② 原因意外学说认为，损害系预料之外的或非计划的原因或者非恶意原因所造成的，那么该损害属于“意外伤害”。

③ 结果意外学说认为，仅仅考量伤害来源以界定意外伤害将不利于被保险人利益的保护之后，其衡量标准向被保险人对损害的主观心态而转移，即损害后果处于被保险人预料之外的或非被保险人事先计划，则就属于意外伤害。

④ 樊启荣《保险法诸问题与新展望》，北京大学出版社2015年版，第56页。

务，由于报险公司系专业机构，且有义务就除外义务加以证实，保险人在得知事发经过的同时，疏于通知受益人进行尸检或参与度鉴定而导致死亡原因不明，在受益人已穷尽手段，提供其所能提供的证据的情况下(例如医院抢救记录、公安证明、医学证明、火化证明等)，败诉责任由保险公司承担；三是因科学技术水平无法查明死因的情况下，权利请求人在尽其所能提供的证据情况下，保险人未对除外责任提出辩驳意见时，即便死因无法查明，可推定为意外伤害死亡，由保险人承担除外责任举证不能的败诉责任。

2. 对人身意外险中宣告死亡的司法认定

自然人的死亡分为真实死亡和宣告死亡，宣告死亡是由于受制于社会管理能力和科学技术水平，无法确定自然人行踪，以至于生死不明，该自然人的相关财产管理和继承、配偶的婚姻等，将无法确定，为避免此种不利于利害关系人的状态长久继承，法律特别设定宣告死亡制度，使之发生与真实死亡相同的法律效果。宣告死亡的原因众多，一是因意外事故下落不明的，另一类则是非因意外事故而下落不明。在意外伤害险案件中，如果保险合同对宣告死亡的原因没有进行约定的，则宣告死亡与自然死亡同效，发生被保险人死亡的，保险公司应当支付保险金。若保险合同对宣告死亡的原因进行了约定，例如须因意外伤害、自然灾害身故导致下落不明，请求权利人应当对意外事故、自然灾害的存在、特别是应当证明因意外事故或自然灾害导致下落不明。① 例如王某系被保险人，离家出走 8 年，下落不明，葛某向当地派出所报案后，多年未查明下落不明原因，保险人未对下落不明的除外责任举证，法院认为在保险人对意外伤害未尽到提示和解释说明义务的情况下，此时，如果将意外事故的举证不能的败诉责任分配给葛某，推定为非意外死亡，显失公平，相反，应当由保险公司对除外责任(刑事犯罪、疾病因素、自杀等)负举证责任，在保险人举证不能的情况下，先支付保险金，同时，要求权利人保证在宣告死亡人重新出现后，返还保险人保险金，合乎公平原则。

3. 对意外伤害险中“猝死”的司法态度

法医学将猝死定义为：平素身体健康或貌似健康的患者，在出乎意料的短时间内，因自然疾病而突然死亡。猝死可简单概括为“因病突然死亡”，对猝死的时间界定有 1 小时、6 小时、8 小时、12 小时、48 小时等，1 小时以内的为心源性死亡，1 小时以上的为非心源性猝死(可以患有或不患有心脏病史)；非心源性猝死

---

① 案例详情见(2016)鲁 0211 民初 11954 号民事判决书。

表现为:肺梗死、支气管哮喘、急性脑血管病、急性出血坏死性胰腺炎、主动脉夹层、严重的电解质紊乱等。

猝死系医学概念,有学者或法官将一些突发性死亡亦用猝死描述显然不当,更有甚者,提出猝死包含病理性及非病理性猝死,实为随意扩大专业概念的外延和内涵。按照合同解释原则,对于专业词汇的解释应遵照行业语义,不得随意扩大和缩小,故人身意外险中的猝死仅限因病突发死亡。被保险人在家中睡觉并在睡眠中死亡,经公安部门查勘后排除刑事案件的可能,被保险人家属事发第三日通知保险公司,当地镇卫生机构为便于注销户口出具的死亡诊断证明注明死亡原因为"意外,突发",此处的"意外"接近普通人对出乎意料、不可预见的理解,与意外伤害险中的意外事故不同,权利请求人未能证明其死亡系因外来原因所致,其主张因疲劳过度致死,既无证据证实,又无生活逻辑可言,无消除法官的内心疑虑,其举证不能造成的败诉责任应当由权利人承担。①

结语

近年来,人身意外伤害保险纠纷案件逐年攀升,呈现出"数量增幅稳健,新类型不断涌现,双方利益博弈激烈,法律适用困难"的特点,本文意欲通过对意外事故的三项基本要素分析、举证责任分配以及相关疑难问题的探析,对人身意外伤害保险的审判思路和裁判规则作出归纳总结,有助于在审判实践中逐步检验真理,修正错误,实事求是地指导审判实践,最大限度地维护司法的公平正义。

参考文献

[1] 国家法官学院案例开发研究中心编.中国法院2016年度案例[M].北京:中国法制出版社,2016.

[2] 国家法官学院案例开发研究中心编.中国法院2017年度案例[M].北京:中国法制出版社,2017.

[3] 国家法官学院案例开发研究中心编.中国法院2018年度案例[M].北京:中国法制出版社,2018.

[4] 王静.保险案件司法观点集成[M].法律出版社,2016.

① 案情详情参见黄岛区人民法院(2017)鲁0211民初11549号。

海上保险合同条款的多维度解释

——从最高人民法院首例船舶建造险案的判决谈起

吴梅霞*

摘要：海上保险合同条款作为一种特殊的合同条款，具有商事性、专业性和国际性特征。随着航运业的快速发展，海上保险合同越来越多样化，更加追求效率，投保手续更加方便快捷。实践中也随之出现了很多通用的标准化、定型化的保险合同条款。对海上保险合同条款的解释一直是海上保险司法裁判领域的难点之一。最高人民法院首例船舶建造险案之所以受到海上保险行业乃至整个保险行业的关注，其中很重要的一点就是对船舶建造险合同条款的解释。一、二审法院采用的解释方法和视角，不幸印证了之前学界批判的对不利解释方法的误用和滥用以及对文本解释方法的轻慢。而最高人民法院在此案判决中适用了"文义解释""目的解释""整体解释""通常理解"等解释方法对争议条款进行多维度解释，对各法院今后解释海上保险合同条款具有重要的指导意义。本文以一、二审判决书查明的案件事实为依据，整理一审、二审和再审法院的裁判解释方式，分析最高人民法院在解释海上保险合同条款时考量的因素和遵循的方法，在此基础上对最高人民法院的判决结果进行评释和反思，并就此案对法院、保险人的启示进行总结。

关键词：船舶建造保险　合同解释　通常理解　损失

一、案例分析

（一）案情概述

泰州三福船舶制造有限公司（以下简称"三福公司"）为赫密恩海运有限公司

---

* 作者简介：吴梅霞，北京市京师（青岛）律师事务所律师。

(Hermione Three Maritime Limited，以下简称船东)定制8条系列大湖型散货船，双方于2008年4月28日签订造船合同，约定三福公司担保在海水密度为1.025吨/立方米、干舷吃水为8.25米的条件下，船舶的载重吨(DWT)不少于16900公吨(以下简称吨)。船舶设计、建造应符合美国船级社(简称ABS)的入级要求。随后三福公司指定国内上海佳豪船舶工程设计股份有限公司进行船舶的优化设计和施工设计。2011年5月14日，三福公司为在建船舶向中国人民财产保险股份有限公司航运保险运营中心(以下简称人保)投保船舶建造险。保险赔偿责任范围包括“保险船舶任何部分因设计错误而引起的损失”。

在首制船交付之时，船东和三福公司都发现按照8.25米的吃水，载重吨不足16900吨，三福公司便在2012年2月20日通知人保出险。船东以不符合载重吨约定为由威胁弃船，三福公司在2012年3月10日与买方达成协议，减免船东应当支付的第五期价款286万美元。2012年7月9日三福公司向人保发出书面理赔申请，认为该缺陷是属于“设计错误”，按照船舶建造险保单的文字表述，属于本船保险人的承保责任范围，共索赔31362118.63元(包括第五期价款286万美金，折合人民币18038878元和因保险船舶空船重量超重造成船舶建造成本损失为人民币13323240.63元)。人保于同年8月20日向三福公司发出拒赔通知，认为该损失不仅不属于本保单所承保的“损失”，而且还是保单除外责任所除外的赔偿范围。

三福公司遂在2012年11月26日向上海海事法院提起对人保的诉讼。该案从上海海事法院一审、上海市高院二审一直到最高院再审，共历时5年。

该案是最高人民法院的首例船舶建造险案件。虽然该案本身的法律事实与法律关系并不复杂，但是最高人民法院的判决却多达36页，单判决的主文就达2万余字。在判决中，最高人民法院就船舶建造保险合同的法律适用、保险责任范围与除外责任、船舶设计错误、损失赔偿与审理程序等问题进行了详细的论述。本文仅从最高人民法院对船舶建造险责任范围与除外责任的合同条款解释方面进行浅析。

(二)争议焦点及产生原因

人保的《船舶建造保险条款(2009版)》第3条责任范围为“本公司对保险船舶的下列损失、责任和费用，负责赔偿：第1项保险船舶……过程中，由于下列原因所造成的损失和费用：……(5)保险船舶任何部分因设计错误而引起的损失”；第4条除外责任为“下列各项，本公司不予负责：……2.对设计错误部分本身的修理、修改、更换或重建的费用及为了改进或更改设计所发生的任何费用……6.建造合同规定的罚款以及由于拒收和其他原因造成的间接损失”。

以上这两个条款便是案件中最有争议的部分。三福公司认为其诉请损失属于船舶建造险条款约定的“保险船舶任何部分因设计错误而引起的损失”；而人保认为，船舶建造险条款中“设计错误而引起的损失”是指因设计错误而导致的保险船舶的“有形灭失或损坏”。三福公司诉请的两部分损失均非保险船舶的有形损坏，而是涉案保险条款中除外责任条款所使用的“罚款”和“间接损失”。双方针对“设计错误”“损失”和“罚款”等词都进行了充分的举证和激烈的辩论。

目前国内大多数保险公司采用的船舶建造险条款和本案条款内容基本一致。此案一出，引起来保险业极大关注。人保的船舶建造险条款实际上是从英国协会船舶建造保险条款翻译而来，其第 8 条“设计错误”的英文原文为：

Faulty Design

Notwithstanding anything to the contrary which may be contained in the Policy or the clauses attached thereto, this insurance includes loss of or damage to the subject-matter insured caused and discovered during the period of this insurance arising from Faulty design of any part or parts thereof but in no case shall this insurance extend to cover the cost or expense of repairing, modifying, replacing or renewing such part or parts, nor any cost or expense incurred by reason of betterment or alteration in design.

从英文原文可以看出，保险人当时设计该条款的本意是承保被保险船舶发生的物理损坏。这就是为什么保险人对“损失”通常理解为“有形灭失或损坏”。显然此案中三福公司主张的因保险船舶载重吨不符合造船合同约定标准和交船期拖延而扣减的合同价格以及船舶自重超重部分的建造费用，均不属于涉案船舶建造险条款约定的保险责任范围。但该条款译文放在博大精深的中文语境下，就出现了完全不同的解读。

（三）一审和二审判决之不足

一审法院按照《中华人民共和国合同法》（以下简称《合同法》）第 125 条，认为“涉案船建险条款未对保险船舶任何部分概念进行明确界定，双方的理解都具有各自的合理性……依据疑义利益原则，采纳有利于三福公司的主张”“除外责任条款所使用的罚款和间接损失的含义不清对条款理解应作有利于被保险人的解释”。在我国海上保险司法实务中，当遇到保险人和被保险人对合同条款发生争议时,法院动辄适用疑义利益原则,作出不利于保险人之解释的判决,以致保险公司感叹“为什么受伤的总是我”。[①] 一旦出现争议就轻易引用“有利于被保险人解释”规则作出判决的做法,不仅不符合立法精神,而且非常不利于海上保险市场的发展。

二审法院也根据《中华人民共和国保险法》(以下简称《保险法》)第30条的规定:“双方对条款有争议的,应当按照通常理解予以解释。涉案保险条款中保险船舶任何部分因设计错误引起的损失这一条款中并未明确将损失的范围限定在船舶有形损失的范畴内。按照通常解释,损失指经济价值的减少或灭失,有形损失系其中的一个部分……”二审法院虽然没有直接适用不利解释规则,但是何为通常理解?“损失为何通常理解为经济价值的减少和灭失”?大家所关注的解释重点部分一句话带过,缺乏必要的解释和依据,说理明显不足。

(四)最高人民法院判决的新发展

最高人民法院在此案判决中对有争议的保险条款,摒弃了之前有歧义便适用《保险法》第30条不利解释的做法,分四个小段论述,用文义解释、目的解释、整体解释等多种解释方法,理顺了各条款之间的内在联系,以对保险条款按照“通常理解”解释为根本,以查明案件事实为前提,从逻辑以及实务的角度对涉案保险合同的责任范围以及除外责任条款的含义予以确定。

对涉案保险条款第3条“责任范围”第一句“本公司对保险船舶的下列损失、责任和费用,负责赔偿”的表述,最高人民法院充分考虑到我国日常用语习惯,将船舶作为法律关系的客体(物),而不作为主体来承担责任、费用或者除物理损害之外的经济损失,又借鉴了航运实践中普遍采用的船舶拟人化表述,将“保险船舶”解释为船舶所有人、经营人或者建造人等相关利益主体。从保险合同订立的目的考虑,将该句完整表述为:本公司(保险人)对保险船舶造成被保险人的下列损失、责任和费用,负责赔偿。

最高人民法院接下来对保险条款第3条“责任范围”第1项第一句“保险船舶……由于下列原因所造成的损失和费用”的表述进行语句分析,该表述中有主语(保险船舶),而没有宾语或者适当定语,结合上下文和保险合同的目的,进一步确定“损失和费用”是指被保险人的“损失和费用”,而不是指被保险船舶的“损失和费用”。

---

① 樊启荣《保险合同“疑义利益解释”之解释》,《法商研究》2002年第9期,第84~93页。

最高人民法院进一步分析保险条款第3条“责任范围”第1项第5分项“保险船舶任何部分因设计错误而引起的损失”。第5分项是双方争议最激烈的部分，单纯就“损失”一词的字面意思，最高人民法院承认存在“船舶的损失”（有形损失）或者“被保险人的损失”两种不同理解，但结合上文已有的分析“由于下列原因所造成的损失和费用”的含义，认定该处“损失”为“被保险人的损失”。最高人民法院最终将该句完整表述和含义解释为：保险船舶任何部分因设计错误而引起的被保险人的损失。

最后最高人民法院针对有争议的保险条款第4条“除外责任”第6项“建造合同规定的罚款以及由于拒收和其他原因造成的间接损失”进行补充解释。

判文层层递进，虽作出不利于保险人的解释，但是充分利用第一位阶的合同解释规则进行分析，摒弃直接适用第二位阶的不利解释规则的做法，切实做到了以理服人、以法服众。这对各法院今后如何适用《保险法》第30条具有重要指导意义。

二、海上保险合同的解释方法

本文所指的合同解释专指“受理案件的法庭或仲裁庭依其职权对合同条文所用文句的正确含义所作的解释”。[①] 在海上保险合同条款用语明确、清晰、内容完备、权利义务约定明确，当事人之间不存在理解上的歧义时，无需使用合同解释方法。国际上通用的解释方法有文义解释、目的解释、整体解释、习惯解释、历史解释、不利解释和诚信解释等。

所谓文义解释，指通过对合同所使用的文字词句的含义的解释，以探求合同所表达的当事人的真实意思。[②] 按照通常的语义进行解释的规则，则享有“解释的黄金规则”之美誉。对于合同词语的文义，应该按照最常用的规范化理解进行解释，如汉语辞典。如果在法律或特殊领域有特殊含义的，应视其情况按照特殊含义进行解释。对于保险合同中的专业术语的专门含义已经明确释明的，依然应当按照文义进行解释。

所谓目的解释，指当事人之间订立合同都是为了实现一定的目的，合同的文句和用语都应当是为实现这一目的而服务的。目的解释是合同解释的核心原

① 王家福《经济法要义》，中国财政经济出版社，第181页。

② 梁慧星《合同的解释规则》，梁慧《民商法论丛》第6卷，法律出版社1997年版，第539页。

则。如果合同所使用的文字或某个条款可能作两种理解时,应采取最适合于合同目的的解释。① 《法国民法典》第1156条规定:"用语可能有两种解释,但应当采取最适于契约之实际目的的解释。"我国台湾地区"保险法"第54条规定:"保险契约之解释,应探求契约当事人之真意,不得拘泥于所用文字。"我国《合同法》第125条也确定了目的解释原则,即应当根据合同目的确定合同的真实意思。② 当然在合同内容不完整的情况下,可以根据合同目的进行完善。当合同内容表述偏离目的时,依据目的解释进行纠正,不能机械地看合同所用文字。但是探求当事人真意是一个非常主观的认定,使用应当谨慎。目的解释方法的任意扩张,可能会激化矛盾,削弱法律的权威性。

所谓整体解释,又称体系解释,是指把全部合同条款和构成部分看作一个统一的整体,从各个合同条款及构成部分的相互关联、所处的地位等总体联系上阐明当事人有争议的合同用语的含义。③ 对合同各个条款做相互解释,联系上下文以确定各个条款在整个合同中所具有的正确认识。海上保险合同的整体解释,要求在解释海上保险合同时,应把合同的所有条款和构成部分看作相互衔接,具有严密逻辑性的整体。从合同的整体内容考虑,不能孤立地对某一条款或某个词作出解释,海上保险合同条款具有较强的专业性,更应注重条款的前后联系和整体的协调,经过解释之后的海上保险合同,应前后一致,具有整体性。这方面可以借鉴英国法院"四角之内"的内部解释方法。①同类原则——如果在列举数项特定的人或物之后,紧接着采用总括性的单词或短语时,该总括性词语只能解释为包括与其列举者同类的人或物。②明示其一即排除其他——明确地提及某一事项,可能隐含排除其他相关联事项的含义。最高人民法院在此案中就针对船舶建造险条款的文字予以严格的、通常的、语法上的解释。

所谓习惯解释,指在合同文字或条款的含义发生歧义时,按照习惯或惯例的含义予以明确;当合同存在漏洞,致使当事人的权利义务不明确时,参照习惯或

---

① 梁慧星《合同的解释规则》,梁慧《民商法论丛》第6卷,法律出版社1997年版,第540页。

② 《合同法》第125条:"当事人对合同条款的理解有争议的,应当按照合同所使用的词句、合同的有关条款、合同的目的、交易习惯以及诚实信用原则,确定该条款的真实意思。"

合同文本采用两种以上文字订立并约定具有同等效力的,对各文本使用的词句推定具有相同含义。各文本使用的词句不一致的,应当根据合同的目的予以解释。

③ 王利明、崔建远《合同法新论·总则》,中国政法大学出版社1996年版,第489页。

惯例加以补充。① 《最高人民法院关于〈中国人民共和国合同法〉若干问题的解释(二)》第7条规定:"下列情形,不违反法律、行政法规强制性规定的,人民法院可以认定为合同法所称'交易习惯':(1)在交易行为当地或某一领域、某一行业通常采用并为交易对方订立合同时所知道或者应当知道的做法;(2)当事人双方经常使用的习惯性做法。对于交易习惯,由提出主张的一方当事人承担举证责任。"海上保险是舶来品,具有较强的专业性及国际性,因此对于海上保险条款的理解应考虑海上保险市场国际通用的交易习惯。这些国际习惯做法对保险人来说,举证责任较严格,必须同时满足下述4个方面的要求,即:①不与合同条款相冲突;②足够的"确定"和"统一性",否则,不能构成习惯;③合理性;④合法性。② 即使保险人能够满足以上条件,为保护被保险人,国内法院也很少认可。

所谓历史解释,是指根据订约时的事实及资料,例如磋商过程,来往文件及合同草案等对合同加以解释,即依据合同的历史情事进行解释。③ 在海上保险合同中,当事人双方的谈判实力并非悬殊,涉及的保险标的较大时,双方在正式订立保险合同之前,一般会有多轮的会议谈判和邮件沟通。参考其他合同、历史文件和电子邮件有助于从整体上解释,更有说服力。

不利解释又称为疑义解释、有利于被保险人原则、反立约人原则或针对原则,是作为格式合同解释"不利于制定人原则"的具体体现。具体是指在格式条款中当保险人和投保人、被保险人或者受益人对保险合同格式条款有两种以上通常合理解释时,人民法院或者仲裁机应当作出有利于被保险人和受益人的解释。笔者认为保险领域适用不利解释应具备以下3个条件:①需要解释的海上保险合同条款内容必须是由海上保险人单方提出,条款内容一般是由保险公司事先印制,被保险人只能按投保文件陈述相关情况,作出接受或不接受的意思表示;②需要解释的海上保险条款内容在一般解释方法解释之后仍然出现两种通常合理解释;③被保险人处于弱势地位。

三、中外海上保险合同条款解释的立法比较

(一)国外立法

按照法的历史传统、法律渊源和法的结构的差别,法律制度可以划分为大陆

① 王利明、崔建远《合同法新论·总则》,中国政法大学出版社1996年版,第493页。

② 汪鹏南《海上保险合同详论》,大连海事大学出版社1996年版,第93页。

③ 王泽鉴《民法债编总论》(第一册),三民书局,第179页。

法系和英美法系。[①]

大陆法系体例分为二种:一种是海上保险以专章的形式在海商法中进行规定,通常也会受到一般保险法或商法典中保险篇的规制,如《1999年俄罗斯联邦商船航运法典》第15章、希腊《海事私法典》第14章等。另一种是将海上保险规定在保险法和商法典中的海上保险篇中,如法国的海上保险是规定在《保险法典》中。无论是何种体例,在海商法还是保险法中都没有规定具体合同解释规则。虽然没有专门的海上保险合同解释,但是一些国家在其他法律中概括规定了合同解释规则,例如法国、意大利和德国等。在《法国民法典》第三编第三章债的效果第五节契约解释[②]和《意大利民法典》第四编第二章契约一般第四节契约的解释[③]中都明确规定了合同解释规则。《德国民法典》第305条还具体规定了格式条款:A项,格式条款被纳入合同后才能视为合同的一部分,并详细地规定了哪些格式条款能纳入,哪些不能纳入;B项规定当事人个别达成的协议优先于格式条款;C项规定对方当事人一般想象不到的特殊格式条款不能成为合同的一部分。对格式条款的解释有疑义时,应做不利于提供格式条款一方的解释。但是德国允许法院对商人之间的商业交易实行稍微宽松的标准。

英美法系的海上保险法其起源于惯例,通过案例一步一步完善。现行的法律大多是由海上保险格式条款的司法解释构成的,所以合同解释规则是通过判例所确定,如美国的针对原则,来着于“Contra Proferentem”(不可有利于提出者)的法彦和英国的B.F. Eding Drilling Co. V. Yearwood案[④]。

综上可以看出,虽然大多数国家都有各种形式的合同解释规则,但是在海上保险领域却没有单独规定,一般都是规定在民法典和商事典的契约篇中,或者仅仅是以诚信原则的方式来笼统概括。其中有些国家还会针对消费合同和商事合同的不同,对海上保险合同这样的商事合同在格式条款解释方面实行稍微宽松

① 马永尾《各国保险法规制度对比研究》,中国金融出版社2001年版,第4页。

②《法国民法典》,罗结珍译,北京大学出版社2010年版,第309～310页。

③《意大利民法典》,陈国柱译,中国人民大学出版社2010年版,第250～251页。

④ 甲方提供开井的契约文件给乙方签署,契约中规定甲方必须装设一架抽水机,其抽水量为1000加仑。后来甲、乙双方对这一文句究竟是指抽水机的能量还是指其实际的抽水量为每分钟1000加仑,发生解释上的争议,最后判决认为本案契约为甲方提供,抽水机的抽水效力或能量问题,应以有利于乙方的方式解释,即每分钟1000加仑为抽水量而不是抽水机的抽水能力为1000加仑。参见杨祯《英美契约法论》,北京大学出版社1997年版,第296～297页。

的标准。

（二）国内立法

我国台湾地区"海商法(2000年修订)"第7章海上保险法中也没有规定合同解释规则，但是其"保险法"第54条规定："保险契约之解释，应探求契约当事人之真意，不得拘泥于所用之文字；如有异议时，以作有利于被保险人之解释原则。"我国澳门特别行政区的《澳门商法典》[①]第970条保险单条款之解释规定："保险单之一般条款及特别条款应按解释法律行为之一般原则解释。如有疑问，保险人所制定之任何一般条款或特别条款，应有利于被保险人之方式解释。以上两款之规定，不适用于按照法律或规章制定之统一保险单之一般条款及特别条款。"我国香港特别行政区在《香港特别行政区海上保险条例》第329章第30条保单条款的解释中规定："(1)保单可采用附表所载的格式。(2)除本条例条文另有规定外，以及除非保单的文意另有所指，附表所述的词语及词句，须解释为具有该附表就该等词语及词句所指定的涵盖范围及涵义。"这和英国《1906年海上保险法》的规定是相同的。

目前我国大陆地区还未制定单行的海上保险法规，只是在《海商法》中专门列入"海上保险合同"一章，没有对海上保险领域的合同解释规则作出专门的规定，但是我国的《合同法》《中华人民共和国民法总则》(以下简称《民法总则》)和《保险法》都有相关规定。在《合同法》中，第39条、第41条、第125条都涉及合同解释的法律规定，特别是第125条"当事人对合同条款的理解有争议的，应当按照合同所使用的词句、合同的有关条款、合同的目的、交易习惯以及诚实信用原则，确定该条款的真实意思"。该条确立了解释合同应考量的5个因素：文义、体系、目的、习惯和诚信；其次规定了解释争议条款的目标，即确定"条款的真实意"。[②] 最新颁布的《民法总则》第142条第1款有类似规定："有相对人的意思表示的解释，应当按照所使用的词句，结合相关条款、行为的性质和目的、习惯以及诚信原则，确定意思表示的含义。"司法实践中适用最多的是《保险法》第30条"采用保险人提供的格式条款订立的保险合同，保险人与投保人、被保险人或者受益人对合同条款有争议的，应当按照通常理解予以解释。对合同条款有两种

① 《澳门商法典》是澳门回归后以相应的葡萄牙法律为蓝本进行本地化的结果。其中收录了部分海事海商的相关规定。

② 郑睿《海上保险合同解释方法之反思——"成路15"轮案评释》，《中国海商法研究》2018年第1期。

以上解释的,人民法院或者仲裁机构应当作出有利于被保险人和受益人的解释”。为什么在海上保险领域中可以适用《保险法》第30条规定,究其原因是《保险法》第184条规定:“海上保险适用《中华人民共和国海商法》的有关规定;《中华人民共和国海商法》未规定的,适用本法的有关规定。”

综上,国内关于合同解释规则的立法与国际上的规则基本一致,在海上保险领域都没有单独规定,只是进行了笼统的规定。在商事领域,特别是海上保险领域,法律并没有对不利解释进行特殊化提示,这增加了法官使用自由裁量的难度。现在立法也有新的进步,《最高人民法院关于适用〈中华人民共和国保险法〉若干问题的解释(二)》第17条规定:“保险人在其提供的保险合同格式条款中对非保险术语所作的解释符合专业意义,或者虽不符合专业意义,但有利于投保人、被保险人或者受益人的,人民法院应予认可。”这一条对第30条做了进一步的解释。但是在司法实践中如何区分常用和非常用专业术语呢?何为专业意义?这些问题需要立法进一步确定。

四、中外海上保险合同条款解释的司法比较

国外航运历史悠久,海上保险十分发达,海上保险领域中不利解释规则较少适用。有些国家在立法上列举了被认为的公平条款,要求海上保险合同中规定这些条款,如英国《1906年海上保险法》第30条[①]规定,其提到的所附第一附表,就是著名的劳合社制定的S.G.保险单(Lloyd's S.G. Policy)。美国著名法学家范斯沃思也在其著作中曾这样说过:“美国在立法上列举被认为的公平的条款,然后要求合同中有此条款,典型的例子是为保险单确定标准条款的立法。”[②]为了维护法律的权威性和稳定性,这种已经被法律所认可的保险条款,当然就不能粗暴地适用不利解释规则。现在国际上常用的海上保险条款,如IHC2003,这些保险条款都是由保险人、船东、理算人甚至海事律师等多方共同设计,又在长时间实践中逐步完善,文字措辞严谨,出现歧义的机会也较少。法官在判决时,往往会出现大篇幅的分析思路和解释,充分利用第一位阶解释方法,结合条款文义和

① 《1906年海上保险法》第30条:“30(1)保险单可按本法所附第一附表的式样签订。(2)根据本法规定,除非保险单内容另有其他要求,本法所附第一附表内的术语及措词,应按赋予该表规定的词意和范围解释。”

② 〔美〕范斯沃思《美国合同法》,葛云松、丁春艳译,中国政法大学出版社2006年版,第316页。

语境说理充分。

相比我国的航运业，其发展时间较短，海上保险条款大多数从国外条款翻译过来，如海上货物运输保险的一切险、水渍险和平安险便是按照 ICC(A)(B)(C)条款翻译修改而来的，却没有很好地进行翻译，忽略了汉语和英语的词义、语序和习惯的不同，导致出现了很多模棱两可、含义不清、一词多义的保险条款。

"本保险负责因被保险船舶与其他船舶碰撞或触碰任何固定的、浮动的物体或其他物体而引起被保险人应负的法律赔偿责任"，这是人保 1986 年《船舶保险条款》"一切险"中关于"碰撞责任"的表述，这样短短一句话，就发生了两个非常有影响力的案件——"泰白海"轮案和"浮山轮"案。1995 年 9 月 21 日，"泰白海"轮在通过苏伊士运河时发生搁浅事故，触碰了海底珊瑚，赔付埃及当局 19 万美元，双方对珊瑚这样的自然物体是否属于"其他物体"产生了不同的理解。被保险人认为，本保险条款的碰撞责任所承保的是 FFO 风险，即除包括船舶相互间的碰撞外，还包括船舶触碰任何固定的、浮动的或其他物体；保险人则认为本案事故属于搁浅，保险条款在全损险中已将搁浅、碰撞和触碰单独列出，说明这三个概念相互独立，不能混用，保险条款中的碰撞责任不包括搁浅，故"泰白海"轮搁浅所引起的珊瑚礁受损的赔偿责任不在本保险条款承保之列。双方争论很久，中国海事仲裁委员会仲裁庭在 2000 年最终裁定：根据《保险法》第 30 条、《合同法》第 41 条规定，保险条款是由保险人提供的格式条款，对其含义的解释应适用这一原则。"任何……其他物体"没有明确排除像珊瑚这样的自然物体，珊瑚应属于"其他物体"，保险人败诉。无独有偶，1997 年 5 月 31 日"继承者"轮为避让"浮山"轮，被横流压到浅滩而搁浅，两轮在青岛主航道发生的无接触碰撞是否属于人保 1986 年《船舶保险条款》下承保的对他船"碰撞责任"产生争议。保险人主张根据《现代汉语词典》对"碰"的注释"运动着的物体跟别的物体突然接触"、对"撞"的注释"运动着的物体跟别的物体猛然碰上"和对"碰撞"的注释"物体相碰或相撞"，两船没有实际接触，不可能构成"碰撞"，更不可能构成"触碰"。此案当时在船舶保险界引起了极大的争论，直到 2002 年最高院对此案进行复函，认为"船舶保险条款属于格式条款，该条款第一条订明的碰撞责任包括因被保险船舶与其他船舶碰撞而引起被保险人应负的法律赔偿责任，订立船舶保险合同时保险人并未向被保险人明示船舶碰撞排除无接触碰撞。根据诚信原则和《中华人民共和国和合同法》第四十一条的规定，对格式条款有两种以上解释的，应当作出不利于提供格式条款一方的解释。因此，本案船舶保险条款所指碰撞应当包括无接触碰撞”。保险人败诉。

从上述两个案例中可以看出,判决都适用了不利解释规则。在此案中,一审法院也直接是按照《合同法》第125条,作出不利于保险人的解释,这种处理方式似乎成为国内海上保险司法领域的通病,即将不利解释作为海上保险纠纷的“万能神药”。

五、船舶建造险案合同解释规则的适用启示

(一)优先适用第一位阶解释规则

根据法理和相关法律规定,不利解释规则的适用位阶是第二位的,当法官需要对一个海上保险合同进行解释时,最直接面对的便是保险条款文字本身,所以文义解释规则是保险合同解释中的首要规则,在进行文义解释的同时,还应该根据整个合同,而不是仅局限于有争议的保险条款,同时也要参考当事人订约时的法律文件或相关记录以及海上保险实践中在长期发展中所形成的习惯做法,来选择最适合合同目的的解释。与此同时,因为法官在解释保险合同时必须遵循民法中的诚实信用原则,所以当这些解释规则都用完之后,还出现两种“通常合理解释”时才能适用不利解释规则,然而实践中,有些法院把不利解释规则当作一旦有争议就自动适用的“优先原则”。虽然有些案件在结果上也未必有差别,却不能以理服众,也被很多学者所诟病。最高人民法院在此案的判决中对有争议的保险条款,优先灵活适用文义解释、目的解释、整体解释等多种解释方法,找到了条款之间的逻辑联系,对保险合同的责任范围以及除外责任条款的含义进行解释。

(二)通常合理解释

美国法学家科宾认为:“法院在解释合同时面临的第一个问题是确定法律要给予谁的意思和意图以法律效果。一旦确定了探求其意思和意图的人或人们,法官要尽可能地使自己设身于该人或人们的地位,了解其历史和经历以及他们与其他人和事的关系,以确定他自己的意思和意图是怎样的。”在海上保险领域中以谁的理解作为通常合理解释呢?现在基本上有三种观点:①以专业法律人士的理解作为通常合理解释,如律师、法官和海上保险合同双方的法务人员等;②以精通海上保险人士的理解作为通常合理解释,如海上保险经纪人;③以普通人的理解作为通常合理解释。从这个判决中可以看出,最高人民法院认为以普通人的理解更为合适,即合同词语所使用的含义应当是一个熟悉该词语所使用

状况的、具有合理智力的人使用该词语时应当具有的含义。此种含义是客观的，而不是主观的。[①] 最高人民法院的判词是从中文和法律用语的通常理解以及保单用语中宾语和定语缺失的角度来解释的，非常符合我国的语言习惯和法律制度，简单而又有说服力，真正达到了普通人的"通常解释"的标准，但是以普通人的理解作为通常合理解释是否适合本案，笔者有不一样的看法。

六、最高人民法院船舶建造险案解释的不足

（一）解释违反了基本的保险原理

除非合同另有约定，保险补偿对象仅限于保险标的本身的损失，而不包括保险标的发生保险事故而导致被保险人的其他损失。这既是保险赔偿限定性的要求，也是保险得以产生与发展的基础，是基本的保险原理。船舶建造险是工程险、船舶保险、货运险、第三者责任险和普通财产险等多种险别的综合保险，除了特别约定的"责任与费用"外，其保险标的物为建造中的船舶，保险人所赔付的也仅限于建造中船舶本身的损失。根据财产保险所遵循的补偿原则，保险人原则上仅赔付保险标的的直接损失，间接损失不赔，在该船舶建造险条款的除外责任条款中也提到了间接损失不赔付。此案中，被保险人三福公司所主张的因船舶设计错误而减免的建造合同的价款，本质上是被保险人一种"违约责任"性质的损失，此种经济损失显然不是船舶建造保险合同下的保险标的的直接损失。试想，若把船舶建造险的保险责任范围任意扩大解释为被保险人的经济损失，对保险业的冲击可谓巨大，因此很多保险人认为最高人民法院的上述解释对于船舶建造保险具有"颠覆性"的作用。法院在进行海上保险合同条款解释时，不能单纯地局限在文字的解释，还应该考虑基本保险原理，这样才能更好地发挥法院对社会经济活动的保护。

（二）通常合理解释标准具体案件具体认定，更为公平合理

此案中，最高人民法院以普通人的理解作为通常合理解释，从中文语境和一般法律角度进行分析看似合理，但是笔者认为，针对此案的具体案情还有待考量。在长期的航运经营活动中，海上保险业产生了许多行业习惯的词句与表达方式，它们与其在日常生活中的含义存在很大差别。法院在解释合同、探究合同的"通常理解"时，也应考虑海上保险领域下的特殊含义，由此得出的解释才是真

① 高峙《适用保险合同条款的解释原则》，《保险研究法律》2004 年第 2 期，第 54 页。

正的该领域下的“通常”。如果仍按一般公众的理解作为标准,对保险人显失公平,最高人民法院的解释显然忽略了这一点。

“在18世纪中叶,当海上保险保单出现在劳埃德咖啡馆的保险交易时,合同在相对平等的主体之间进行谈判,在发生诉讼的情况下,合同语言被严格执行,被保险人并不享受司法保护的利益”。涉案条款源于英国协会船舶建造保险条款,本意是承保被保险船舶发生的物理损坏,该争议条款在船舶建造险的实践中有特定理解,且该理解已被国际保险人所接受和承认,可以认定成为保险行业内的通常理解。在围绕保险标的设计保险合同时,以“物”作为主语进行表述也是保险业常用的通常做法。① 如果将货运险中的“一切险”也按照日常语言含义理解为承保一切风险的保险责任,这种理解就有些荒谬。

也有人会问,没有保险专业知识背景的被保险人会是这样理解吗?按照保险惯例解释是否会对被保险人有失公平?此案中船舶建造保险属于较为专业的保险,被保险人三福公司成立于1985年,是一家实力雄厚的规模造船企业,固定资产40多亿,拥船台6座,具有丰富的造船及投保船舶建造险的经验。保险人与被保险人的地位并不像一般保险那样悬殊,又因保险标的的价值巨大,被保险人对该险种下的承保责任会非常重视,往往会安排专业的人员负责保险协商,或通过专业的保险经纪人来安排,应认为被保险人对船舶建造险的标准条款相比于一般人有相对更高的理解能力,因此,将“损失”理解为“有形损失”更加符合本案具体情况。只有当被保险人因自身的局限性、“生活实践的逻辑”的干扰和节省谈判成本等原因不能针对其具体的危险状况来选择保险条款时,才能以一个没有经过法律训练的一般人的理性预期来解释保险单。通常合理解释标准不应僵硬具化,应具体案件具体认定,这样更符合公平正义的要求。

七、结语

此案已经尘埃落定,虽然最高人民法院判决的说理部分仍有遗憾,但是保险人在设计中文保险条款时却有疏漏之处。作为保险人不应该抱怨或者指责最高人民法院的这一判决,而应当考虑如何修改和完善自己的保单条款,让中文条款更能准确表达保险人所要展示的内容。

文字本身就具有多义性,再加上国内的海上保险条款很多翻译自英文,很可

① 吴权道《海上保险合同“通常理解”之理解——从最高院首例船舶建造险案切入》,《中国水运》,2018年第9期。

能产生更多的歧义。目前有些保险公司已经从这个案件中吸取教训，对船舶建造险条款进行了修改，如人保已将争议较大的"损失"改为"损坏"，但是笔者建议保险公司应对条款整体上进行修改，特别是按照最高人民法院判决的思路，从汉语的语句表达习惯上进行完善，拟定尽量清晰的条款，及时就条款内容与被保险人进行提示、说明，以避免此类争议。

参考文献

[1] 刘云.保险格式条款的不利解释原则研究：(硕士论文)[D].成都：西南财经大学，2007.

[2] 苏号朋.格式合同条款研究[M].北京：中国人民大学出版社，2004.

[3] 王利明.对《合同法》格式条款规定的评析[J].政法论坛，1999(6).

[4] 高崎.适用保险合同条款的解释原则[J].保险研究法律，2004(2).

[5] 杨良宜.合约的解释[M].北京：法律出版社，2007.

[6] 陈百灵.论保险合同解释中的合理期待原则[J].法律适用，2004(7).

[7] 张宗军."不利解释原则"在财产保险领域的适用性分析[J].上海保险，2012(12).

[8] 沙乐章.合同解释在海上保险合同中的适用：(硕士论文)[D].大连：大连海事大学，2009.

[9] 初北平.船舶保险条款研究：(博士学位论文)[D].大连：大连海事大学，2008.